AF548442

JÖRG FÄRBER

DAS *Leipzig* KOCHBUCH

Trotz gewissenhafter Bearbeitung kann eine Haftung für den Inhalt nicht übernommen werden. Für aktuelle Ergänzungen und Anregungen ist der Verlag jederzeit dankbar. Wir bedanken uns bei allen, die uns unterstützt haben.

Impressum

Gerichtsweg 28, 04103 Leipzig
Tel.: 0341 / 493574-0, Fax: 0341 / 493574-40
www.buchverlag-leipzig.de

Coverfoto: Matthias Frank Schmidt, Erfurt; Vectorgraphiken: Leipzigskyline: SimpLine, Shutterstock.com; Stadtwappen: magr80, Shutterstock.com
Innenfotos: Seite 4: Matthias Frank Schmidt; Speisefotos: Jörg Färber; Seite 6/7: Tupungato, Shutterstock.com; Seite 11, 56/57, 59, 80/81, 83, 136/137: Pixabay.com; Seite 13, 139: franz12, Shutterstock.com; Seite 32/33: FooTToo, Shutterstock.com; Seite 104/105: Claudio Divizia, Shutterstock.com; Seite 107: Alizada Studios, Shutterstock.com

Einband, Satz, Repro, Typografie: serfling.media, Leipzig
Druck und Bindung: READ ME Printing House, Warschau
Printed in Poland

1. Auflage 2024
ISBN 978-3-89798-670-1

Inhalt

Ein Traum ist wahr geworden – ein Kochbuch zu schreiben mit alten und neuen Rezepten und Anekdoten aus meiner Heimatstadt. Für diese große Ehre und für das Vertrauen bedanke ich mich beim BuchVerlag Leipzig.

Ein großes Lächeln mit vielen kleinen Herzen versehen geht an meine Michaela. Danke, dass Du mich auf all meinen Wegen begleitest und immer für mich da bist.

Und ein herzliches Dankeschön geht auch an Sie, liebe Leserinnen und Leser dafür, dass Sie sich für dieses Buch entschieden haben!

Ich komme nach Leipzig, an einen Ort,
wo man die ganze Welt im kleinen sehen kann …

GOTTHOLD EPHRAIM LESSING,
1749 RÜCKBLICKEND AUF DIE LEIPZIGER ZEIT
IN EINEM BRIEF AN SEINE MUTTER

Karl-Heine-Kanal

*Wer in der Zukunft lesen will,
muss in der Vergangenheit blättern.*

ANDRÉ MALRAUX

Tra-di-ti-on (Duden)
Substantiv, feminin (die)

a. etwas, was im Hinblick auf Verhaltensweisen, Ideen, Kultur oder Ä. in der Geschichte, von Generation zu Generation (innerhalb einer bestimmten Gruppe) entwickelt und weitergegeben wurde (und weiterhin Bestand hat) z. B.
- ein alte bäuerliche Tradition
- demokratische Traditionen pflegen
- mit einer Tradition brechen

b. selten: das Tradieren, z. B. „die Tradition dieser Werte ist unsere Pflicht“

c. Lateinisch – tradere – weitergeben/ hinübergeben

Re-gi-o-nal (Duden)
Adjektiv
eine bestimmte Region betreffend, zu ihr gehörend, auf sie beschränkt, für sie charakteristisch

Beschäftigt man sich mit der Leipziger Stadtgeschichte, mit all ihren Höhen und Tiefen der letzten Jahrhunderte, kann man zu dem Schluss kommen, dass der Begriff *traditio* – also Übergabe, Auslieferung oder eben auch Überlieferungen – überaus treffend die Leipziger Küchentradition zusammenfasst.

Einleitung

Die Handels- und Messestadt Leipzig kann auf eine bewegte, über 1000-jährige Geschichte zurückblicken. Bekannte Sehenswürdigkeiten wie die Nikolaikirche, die Thomaskirche oder die Oper, um nur einige zu nennen, prägen das Stadtbild. Eines der imposantesten Wahrzeichen ist das Völkerschlachtdenkmal, welches an Napoleons Niederlage in der Völkerschlacht 1813 erinnern soll. Die größte Revolution, die Leipzig erlebte, war jedoch zweifelsohne die Friedliche Revolution 1989.

Leipzig war Heimat vieler musikalischer Größen. Clara Schumann wurde hier geboren, Johann Sebastian Bach war bis zu seinem Tod Leipzigs Thomaskantor, Felix Mendelsohn Bartholdy war Musikdirektor am Leipziger Gewandhaus und gründete die erste Musikhochschule Leipzigs, das Leipziger Konservatorium.

Weitere berühmte Köpfe fanden ihren Weg nach Leipzig, wie Friedrich Schiller und natürlich Johann Wolfgang von Goethe. Aber auch über das 18. und 19. Jahrhundert hinaus war die Stadt Anlaufstelle bekannter Schriftsteller wie Erich Kästner oder auch großer Dirigenten wie Kurt Masur.

Die Stadt war durch ihre zentrale Lage, an der Kreuzung zweier wichtiger Fernstraßen – der Via Imperii und der Via Regia – ein wichtiger Handels- und Kulturknotenpunkt. In- und ausländische Kaufleute trafen hier aufeinander, um Geschäfte zu machen.

In Leipzig kam und kommt die Welt zusammen und dies spiegelt sich auch in der Küche wider.

Doch was genau hat Leipzig kulinarisch zu bieten? Welche Anekdoten gibt es zu den Gerichten? Warum waren Morcheln und Flusskrebse zumindest früher Teil des Leipziger Speiseplans? Und wer war eigentlich Susanna Eger?

Sie werden merken: Hypezig oder Pleißathen ist so viel mehr als Lerche, Gose, Räbchen und Allerlei. Lassen Sie sich überraschen, denn:

Mein Leipzig lob ich mir!
Es ist ein klein Paris und bildet seine Leute

LÄSST JOHANN WOLFGANG VON GOETHE EINE SEINER FIGUREN IM DRAMA „FAUST" ÜBER DIE SÄCHSISCHE METROPOLE SAGEN. DEM IST NICHTS HINZUZUFÜGEN.

Meine Heimatstadt und ich

Einer Überlieferung zufolge erblickte ich im Jahre 1975 das Licht der Welt. Damals in der Frauenklinik in der Philipp-Rosenthal-Straße in Leipzig. Ob das ein bedeutendes Jahr in der Kulinarik Leipzigs war, das weiß ich nicht. Ich habe mich zum damaligen Zeitpunkt wahrscheinlich nur mit der Muttermilch meiner Mama beschäftigt. So vergingen die Jahre und ich lernte sprechen, laufen, frech werden, rechnen und schreiben. Irgendwann auch noch das Schwimmen und sehr bald stand ich auch in der Küche und habe Oma oder Opa, die beide aus Leipzig kamen, und meiner Mama über die Schultern geschaut. Früher noch mit Hocker, heute braucht sie ihn.

Ich kann nicht wirklich behaupten, dass ich mich von Kindertagen an für das Kochen interessiert hätte, aber gut gegessen haben wir, mein Bruder, Papa und ich, schon immer. Und wie hat mir meine Mama manchmal leidgetan. Jeden Tag, von früh an, stand sie in der Küche und hat gekocht, dann kamen wir zur Mittagszeit, futterten alles auf und schon ging es wieder von vorne los. Wahrscheinlich war das der entscheidende Moment, als ich wusste, hier muss ich ran.

Die Schule habe ich im Juli 1991 beendet. Im August begann ich meine Lehre zum Koch, damals noch in den verschiedenen Küchen des Universitätsklinikums. Das erste Lehrjahr durfte ich an meiner alten Geburtsstätte, der Frauenklinik in Leipzig tätig sein. Im dritten Lehrjahr habe ich dann erstmals die Hotelküche erleben dürfen. Ein kleiner Traum wurde wahr. Das große Hotel in der Gerberstraße. Oft stand ich als Kind davor und habe einfach nur gestaunt. Jetzt durfte ich hier also kochen. Und wie. Ich habe die Gunst der Stunde genutzt und Vollgas gegeben. 1994 durfte ich dann im dritten Lehrjahr das Hotel Intercontinental bei einem Leipziger Kochwettbewerb vertreten. Mein großer Lehrmeister und damaliger Küchenchef Frank Baumbach hat mich betreut und darauf vorbereitet. Und ich habe gewonnen. Stolz machte sich breit und offenbar hatte ich nicht nur Talent, sondern auch einen guten Geschmack. Nach Stationen in Italien, Kanada, Hawaii, Frankfurt, Hamburg und Mallorca kam ich wieder nach Leipzig. Irgendwann habe ich dann allerdings die Kochschürze und die Bratpfanne an den Nagel gehangen. Der C-Schlauch und das EKG sind meine neuen Arbeitsgeräte. Ich bin mittlerweile Hauptbrandmeister und Notfallsanitäter bei der Berufsfeuerwehr in Leipzig. Täglich darf ich Menschen hier in Leipzig helfen. Ein Privileg, welches ich sehr schätze.

Nach all den Jahren sage ich voller Stolz, das Kochen ist meine Leidenschaft und die Feuerwehr ist meine Berufung.

Goethe hatte es in seinem Gedicht Osterspaziergang treffend formuliert: „Hier bin ich Mensch, hier darf ich's sein." Danke Johann, recht hast du!

Brühl, im Hintergrund: das Wintergartenhochhaus

Susanna Eger

Eine Leipziger Starköchin ihrer Zeit und für mich persönlich auch bis heute. 1706 hat Susanna Eger ihr fantastisches Kochbuch das erste Mal veröffentlicht, nur niemand nahm es ernsthaft zur Kenntnis.

In der Kochbuchliteratur der damaligen Zeit wurde es kaum erwähnt. Vielleicht lag es daran, dass Leipzig nicht als „kulinarische Hochburg" bekannt war, wie zum Beispiel Budapest, Wien, Prag, Frankfurt, Nürnberg oder Straßburg. Nun sei es drum. Mein Dank gilt jedenfalls Gottlieb Siegmund Corvinus, bekannter unter dem Pseudonym Amaranthes. Ein Leipziger Schriftsteller, Jurist und mitteilsamer Kritiker. Er wiederum erwähnte nun dieses Kochbuch erstmalig in seinem Werk „Frauenzimmer-Lexikon". Folgende Zeilen liest man über die Susanna Eger:

„Egerin" Susanna, gebohrene Bornin, aus Leipzig, ein in der Koch=Kunst wohlerfahrenes und geschicktes Weib, gestalt sie A.1706 das so genannte Leipziger Koch=Buch…, überdies wusste sie vor vielen anderen mit dem Eingemachten sehr wohl umzugehen."

Das Kochbuch wurde zwischen 1706 und 1745 mehrfach neu aufgelegt und um einige Kapitel erweitert. Mit 900 Rezepten auf 403 Seiten zur damaligen Zeit ein bescheidenes kleines Werk in der kulinarischen Literatur. Hier finden sich vielfältige Gerichte, auch Rezepte aus dem späten Mittelalter. Diese Vielfalt ist beeindruckend und auch die Themen Resteküche und Nachhaltigkeit nehmen großen Platz ein – zur damaligen Zeit kein Trend. Ebenso außergewöhnlich sind die Rezepte ohne Fleisch. Veganismus oder Vegetarisch kannte man nicht. Während meiner Recherche habe ich immer wieder schmunzeln müssen: „Nüsse und Bohnen zu verwenden für eine Art ‚Kalbleber'. Eine Wurst aus Eiern herzustellen." Spannend und für mich schon damals sehr kreativ. Seit Jahren werden uns durch sogenannte Ernährungsexperten oder auch durch die Industrie neue „gesunde" Rezepte vorgestellt. Das alles gab es bereits vor über 250 Jahren. Danke, liebe Egerin!

Somit war es mir ein persönliches Anliegen, der Namensgeberin der Leipziger Berufsfachschule der Gastronomie ein Kapitel zu widmen. Ich habe mich an den Rezepten (aus der Ausgabe von 1745 ihres Kochbuches) orientiert und sie unserem Alltag angepasst. Das ein oder andere klingt etwas experimentell, aber Sie sollten es mal ausprobieren. 100 % Geling- und Genussgarantie.

Neues Rathaus

Zitronensuppe

mit grünen Erbsen und Zitronenchips

Na, überrascht? Das erste Rezept, welches in Susanna Egers Kochbuch von 1745 beschrieben wurde, ist eine Zitronensuppe. Auch ich habe gestaunt. Und nun soll es auch in diesem Kapitel das erste Rezept sein. Und glauben Sie mir, ich habe mir viele Gedanken gemacht und viel ausprobiert. Wie in allen älteren oder historischen Rezepten fehlen genaue Mengenangaben und einige Zutaten kennen wir so gar nicht mehr. Somit gibt es eine etwas modernere Version, die Sie im Alltag ab sofort genießen können.

Zutaten für 2 Pers.:

1 Bio-Zitrone
etwas Puderzucker zum Bestäuben
150 g grüne Erbsen (TK)
1 kleine Zwiebel
4 mittelgroße Kartoffeln
100 g Mais aus der Dose
1.5 EL Butter
etwas Mehl
1 Msp. Safranfäden (alternativ Gelbwurz)
400 ml Gemüsebrühe (Bio-Instant)
100 ml Sahne
Saft einer Zitrone
2 EL Crème fraîche
Salz und Pfeffer aus der Mühle

Zubereitung:

Für die Zitronenchips den Backofen auf 110 °C Ober-/ Unterhitze vorheizen. Die Zitrone waschen und in dünne Scheiben schneiden und entkernen. Die Zitronenscheiben in Puderzucker wenden, etwas abklopfen und auf ein Backblech mit Backpapier legen. Für etwa 75 Minuten im Backofen trocknen.

Einen Topf mit Wasser zum Kochen bringen und etwas salzen. Die Erbsen für 3 Minuten blanchieren. Das Kochwasser abgießen und die Erbsen mit kaltem Wasser abschrecken.

Die Zwiebel abziehen und in kleine Würfel schneiden. Kartoffeln schälen und klein schneiden. Die Kartoffeln, Mais und Zwiebelwürfel mit 1 EL Butter in einem Topf farblos anschwitzen, mit Mehl bestäuben und kurz „schwitzen" lassen. Safran dazugeben und mit Brühe, Sahne, Zitronensaft ablöschen und mit einem Schneebesen glattrühren. Die Suppe bei mittlerer Temperatur 20 Minuten köcheln lassen. Die Crème fraîche dazugeben. Mit einem Stabmixer anschließend die Suppe fein pürieren. Mit Salz und Pfeffer abschmecken.

Die Erbsen mit ½ EL Butter in einer Pfanne nochmal kurz erhitzen und mit Salz und Pfeffer würzen.

Zum Anrichten die Suppe auf zwei Teller geben, die Erbsen gleichmäßig verteilen und die Zitronenchips dazugeben.

Dottersuppe

„Nimm eine Kanne Rindfleisch=Brühe, lasse Sie sieden, dann querle fünf Eier=Dotter in ein Töpfgen, dazu ein wenig Mehl, Muskatblumen und einen Löffel Eßig …" So steht es geschrieben im Kochbuch von Susanna Eger. Leicht abgewandelt, mit etwas Rindfleisch, habe ich es mit in das neue Leipziger Kochbuch aufgenommen.

ZUTATEN FÜR 2 PERS.:

600 g Rinderbeinscheibe
½ TL schwarze Pfefferkörner
4 Wacholderbeeren
1 Lorbeerblatt
Salz und Pfeffer aus der Mühle
1 Bund Wurzelgemüse
1 Zwiebel
1 EL Weißweinessig
¼ Bund frische Blattpetersilie
3 Eier
1 EL Hartweizengrieß
1 Msp. gemahlene Muskatblüte
2 Scheiben Baguette

ZUBEREITUNG:

Die Rinderbeinscheibe mit Wasser abspülen und mit etwa 2,5 Liter Wasser in einem Topf zum Kochen bringen. Die Pfefferkörner, Wacholderbeeren, den Lorbeer und eine Prise Salz zugeben. Bei schwacher Hitze etwa 2 Stunden köcheln lassen, bis das Fleisch weich ist.

Das Wurzelgemüse waschen und in kleine Stücke schneiden. Die Zwiebel abziehen und vierteln. Das geschnittene Gemüse nach 30 Minuten mit zur Brühe geben und mitköcheln lassen. Das Fleisch herausnehmen und in Würfel schneiden und beiseite stellen. Das Knochenmark mit einem spitzen Messer aus dem Knochen herauslösen und im Backofen bei 60 °C warmhalten.

Die Brühe durch ein Haarsieb geben. In einem Topf nochmal aufkochen, den Essig dazugeben und mit Salz und Pfeffer abschmecken. Die Petersilie waschen, trockenschleudern und fein schneiden.

Die Eier in einer Schüssel aufschlagen, Hartweizengrieß, Muskatblüte, Petersilie, Salz und Pfeffer zugeben und gut verrühren.

Mit einem Schneebesen die leicht köchelnde Suppe rühren, bis ein Strudel entsteht und die Eiermischung langsam einfließen lassen, die Fleischwürfel zugeben und kurz aufkochen lassen. Die Suppe für 2 Minuten im Topf ziehen lassen.

Die Baguettescheiben toasten, das warme Knochenmark darauf verteilen. Mit Salz und Pfeffer würzen.
Die Suppe in zwei warme Teller geben und das Baguette dazu reichen.

„Eine Speise zu machen,
das sie sieht wie eine Kalbsleber"

„Nimm frische Nüsse, schäle Sie ..., stoße Sie in einem Mörser klein..., rühre 4–5 Eier dazu ..."
So sieht vegetarische Küche 1745 in Susanna Egers Kochbuch aus. Wahrscheinlich stand nicht jeden Tag Fleisch zur Verfügung oder das Geld reichte nicht aus. Heute verzichten wir zunehmend mehr auf Fleisch und somit findet dieses Rezept – etwas alltagstauglich angepasst – Platz in diesem Kochbuch, alternativ unter dem Namen:
Bohnen-Nuss „Leber" mit Borsdorfer Apfel, Perlzwiebeln und Schnittlauch-Kartoffelstampf

Zutaten für 2 Pers.:

4 Kartoffeln
250 g Kidneybohnen
30 g Walnusskerne
½ Zwiebel
1 kleine Möhre
2 EL Butterschmalz
1 EL Tomatenmark
30 g Haferflocken
1 TL Senf
1 TL Balsamico-Sirup
1 Ei
Salz und Pfeffer aus der Mühle
1 Msp. Paprikapulver
2 EL Mehl
1 Apfel
1 rote Zwiebel
3 EL Butter
10 Perlzwiebeln aus dem Glas
1 TL Zucker
3 EL Balsamico-Essig
60 ml Apfelsaft
½ Bund Schnittlauch
2 EL Milch

Zubereitung:

Kartoffeln schälen und halbieren. Die Kartoffeln in kochendem Salzwasser weichkochen.

Kidneybohnen in ein Sieb gießen, mit kaltem Wasser abspülen und abtropfen lassen.

Walnüsse in einer Pfanne ohne Öl goldbraun rösten, herausnehmen und beiseitestellen.

Zwiebel und Möhre schälen und in feine Würfel schneiden. 1 EL Butterschmalz in einer Pfanne erhitzen und die Zwiebel und Möhre 3 bis 4 Minuten bei mittlerer Temperatur anbraten. Mit 3 EL Wasser ablöschen. Tomatenmark, Kidneybohnen, Haferflocken, Walnüsse, Senf und Balsamico-Sirup dazugeben und verrühren. Pfanne vom Herd nehmen und die Masse etwas abkühlen lassen. Die abgekühlte Masse und das Ei in ein hohes Gefäß geben und mit dem Mixer grob pürieren. Mit Salz, Pfeffer und Paprikapulver würzen. Mit angefeuchteten Händen flache Bratlinge formen. Die Bratlinge mit etwas Mehl bestäuben.

1 EL Butterschmalz in einer Pfanne erhitzen und bei mittlerer Temperatur die Bratlinge von beiden Seiten 3 bis 4 Minuten goldbraun braten.

Apfel waschen, schälen, vierteln und entkernen. Zwiebel schälen. Den Apfel und die Zwiebel in Spalten schneiden. 2 EL Butter in eine Pfanne geben, Apfel, Zwiebel und Perlzwiebeln anbraten. 1 TL Zucker zugeben und karamellisieren lassen. Mit Balsamico-Essig und Apfelsaft ablöschen und einkochen lassen.

Schnittlauch waschen und fein schneiden. Milch und 1 EL Butter erwärmen.

Kartoffeln abgießen und stampfen. Das Milch-Butter-Gemisch und den Schnittlauch unterrühren. Mit Salz und Pfeffer abschmecken. Zum Anrichten die Bratlinge verteilen, das Apfel-Perlzwiebel-Ragout darüber geben und den Stampf dazugeben.

Gebackene Eier wie Ochsenaugen

Das Rezept habe ich mir mehrfach durchgelesen und immer wieder musste ich dabei schmunzeln. „...schlage ein schönes frisches Ei in ein Schüßlein..., setze geschmelzte Butter über in einem Pfänngen..., setze das Ei darein, wende es mit einem breiten löcherichten Löffel um... Heute kennen wir es als Spiegeleier, aber „Gebackene Eier wie Ochsenaugen" klingt einfach so viel schöner und dazu gibt es heute Kartoffelwürfel mit Roter Bete und Thymian-Honig-Schmand.

ZUTATEN FÜR 2 PERS.:

4 mittelgroße Kartoffeln
1 Rote-Bete-Knolle (gekocht, vakuumiert)
½ Porree
1 EL Butterschmalz
Salz und Pfeffer aus der Mühle
4 Zweige frischer Thymian
2 EL Schmand
1 TL Honig
1 EL Butter
4 Eier

ZUBEREITUNG:

Kartoffeln waschen, schälen und in grobe Würfel schneiden. Rote Bete ebenfalls grob würfeln. Den Porree für längs halbieren, gründlich waschen, trockenschleudern und in feine Streifen schneiden. Butterschmalz in einer Pfanne erhitzen und die Kartoffeln von allen Seiten knusprig bei mittlerer Temperatur braten. Mit Salz und Pfeffer würzen. Zum Schluss die Rote Bete und den Porree dazugeben und 1 bis 2 Minuten mitbraten.

Thymian waschen. Die Blätter von den Zweigen zupfen und fein hacken. Den Schmand mit Thymian und Honig verrühren. Mit Salz und Pfeffer abschmecken.

Für die Spiegeleier die Butter in einer Pfanne erhitzen. Die Eier einzeln aufschlagen, in die Pfanne setzen und bei mittlerer Temperatur braten. Nach 2 bis 3 Minuten die Eier vorsichtig mit einem Pfannenwender drehen. Das Spiegelei von der anderen Seite kurz braten. Das Eigelb sollte noch etwas flüssig sein.

Zum Anrichten das Kartoffel-Rote-Bete-Gemüse auf die Teller geben und die „Ochsenaugen" daraufsetzen. Den Honig-Schmand mit einem Löffel darüber geben.

TIPP:

Verwenden Sie beim Schneiden der Roten Bete lieber Einmalhandschuhe und ein extra Schneidebrett!

Granatapfelsalat
mit Wildkräutern

Dieses Rezept in einem Kochbuch von 1745... Ja, so steht es geschrieben. Natürlich wuchsen damals keine Granatäpfel hier in Leipzig. Aber dank der Handelsstraßen Via Imperii und Via Regia kamen schon damals Granatäpfel nach Leipzig. Wildkräuter gab es damals wie heute auf unseren Wiesen und erfreuten sich großer Beliebtheit. Anstelle der Rosinen nehme ich Pflaumen. Sauermilchkäse und Brot kommen hinzu und fertig ist ein leckerer Salat.

Zutaten für 2 Pers.:

2–3 Scheiben altbackenes Brot oder Brötchen
3 EL Baumöl (Olivenöl)
Salz und Pfeffer aus der Mühle
Saft von ½ Zitrone
½ EL Honig
½ Granatapfel
4 Pflaumen
8 Kirschtomaten
1 rote Zwiebel
80 g Sauermilchkäse
Gartenkresse
Handvoll Wildkräutersalat oder Erbsensprossen

Zubereitung:

Den Backofen auf 180 °C vorheizen. Das Brot in dünne Scheiben schneiden und in eine Schüssel geben. Mit 1 EL Olivenöl marinieren. Mit Salz und Pfeffer würzen. Die Brotscheiben im Backofen 15 Minuten knusprig backen.

Für das Dressing die Zitrone auspressen, den Saft in eine Schüssel geben, mit 2 EL Olivenöl und Honig verrühren. Zuletzt mit Salz und Pfeffer würzen.

Die Kerne aus dem Granatapfel lösen und die weiße Haut entfernen. Pflaumen waschen, halbieren, entkernen und in Spalten schneiden. Kirschtomaten waschen und vierteln. Zwiebel schälen, halbieren und in Streifen schneiden. Sauermilchkäse in dünne Scheiben schneiden. Die Granatapfelkerne, Pflaumen, Käse und Tomaten in die Schüssel geben. Die Gartenkresse zupfen. Wildkräutersalat waschen, trockenschleudern und grob zupfen und beides unter den Salat heben. Mit dem Dressing gut vermengen.

Die krossen Brotscheiben aus dem Ofen nehmen und dazugeben.

Hühner mit saurer Sahne

und „Limonien"

Das Rezept Nummer 62 in Egers Kochbuch hat mich von Anfang an fasziniert. Einfach, genial, gesund und schnell. Dazu noch sehr schmackhaft. Ein einfaches Ragout für warme Sommertage.

ZUTATEN FÜR 2 PERS.:

150 ml Bio-Brühe (Instant)
300 g Hühnerbrustfilet
150 ml saure Sahne
Saft von ½ Limette
1 kleine Porreestange
½ EL Butter
Salz, Pfeffer
¼ Bund frischer Dill
1 Msp. Chiliflocken

ZUBEREITUNG:

Die Bio-Brühe erhitzen. Die Hühnerbrüste abwaschen, trockentupfen, grob in Stücke schneiden und zur Brühe geben. Saure Sahne und Limettensaft zugeben und etwa 15 Minuten bei niedriger Temperatur köcheln lassen.

Porree waschen, der Länge nach halbieren und klein schneiden. Butter in einer Pfanne erhitzen und den Porree zugeben. Mit Salz und Pfeffer würzen und 5 bis 7 Minuten dünsten. Den fertigen Porree zu den Hühnerbrüsten geben. Dill fein hacken und zugeben.

Das Ragout auf zwei Teller verteilen. Mit Dill garnieren und mit den Chiliflocken würzen.

Karpfen mit Kirschen

„...reiß, schuppe und schneide ihn in Stückchen ..., reibe gesottene Kirschen mit wenig Wasser ab." Mehrfach bin ich über dieses Rezept gestolpert und hatte Lust, es selbst auszuprobieren. Ich serviere es mit Sauerkirschen und cremigen Schwarzwurzeln. Ich bin mir sicher, Sie werden schmunzeln, aber seien Sie mutig. Es wird Ihnen munden, so wie Frau Eger 1745.

ZUTATEN FÜR 2 PERS.:

250 g Schwarzwurzeln
100 g frische Sauerkirschen
80 ml Kirschsaft
1 TL Honig
1 TL Balsamico-Sirup
300 g Karpfenfilet frisch mit Haut
1 EL Mehl
2 EL Butter
Salz und Pfeffer aus der Mühle
150 ml Sahne
100 ml Gemüsebrühe (Bio-Instant)
Saft von ¼ Zitrone

ZUBEREITUNG:

Die Schwarzwurzeln im kalten Wasser abbürsten (dabei Einweghandschuhe tragen). In einem großen Topf Wasser zum Kochen bringen und die Schwarzwurzeln in 10 bis 15 Minuten bissfest blanchieren. Die Schwarzwurzeln abgießen und in Eiswasser abschrecken. Die Schale abziehen und mit einem spitzen Messer vereinzelte schwarze Punkte entfernen. Die Wurzeln schräg in mittelgroße Stücke schneiden.

Die Kirschen waschen, halbieren und entkernen. In eine Pfanne Kirschsaft, Honig und Balsamico-Sirup geben und verrühren. 2 bis 3 Minuten einkochen lassen. Die Kirschen zugeben und schwenken.

Den Karpfen abwaschen und trockentupfen. Das Filet etwas salzen, in Mehl wenden und abklopfen. In eine Pfanne 1 EL Butter geben und das Filet mit der Hautseite nach unten bei mittlerer Temperatur 4 bis 5 Minuten anbraten. Die Hitze reduzieren und das Karpfenfilet wenden und für weitere 2 bis 3 Minuten garziehen lassen.

In derselben Pfanne die Schwarzwurzeln mit 1 EL Butter anbraten, mit Salz und Pfeffer würzen. Mit der Sahne und der Gemüsebrühe ablöschen und einkochen lassen. Mit Zitronensaft und etwas Salz abschmecken.

Karpfenfilet mit den Schwarzwurzeln und Sauerkirschen anrichten.

Raffiolen vom Kuh-Euter

Im Kapitel „Von allerhand Neben-Essen" auf Seite 61 des Kochbuches fand ich dieses Rezept. Und ich weiß jetzt schon, was Sie denken. Allerdings wurde damals so ziemlich alles vom Tier verarbeitet. Wenn ich an meine Kindheit und die mir damals von meiner Oma offerierten Kutteln zurückdenke, verpackt in Nudelteig und als Ravioli serviert ... Sagen wir es so, es gibt auch schönere Erinnerungen. So, nun versuche ich Ihnen dieses Rezept schmackhaft zu machen.

Zutaten für 2 Pers.:

Für den Teig

140 g Mehl
+ etwas Mehl zum Ausrollen

1 Ei +1 Eigelb

1 Prise Salz

Für die Füllung

200 g Kuheuter
oder Pansen roh

1 Lorbeerblatt

2 Wacholderbeeren

1 rote Zwiebel

1 Knoblauchzehe

2 kleine Möhren

1 Pastinake

1 EL Butterschmalz

Salz und Pfeffer aus der Mühle

1 TL Tomatenmark

2 EL Semmelmehl

2 EL Schmand

1 Ei

Zubereitung:

Für den Teig das Mehl, Ei, Salz und 2 EL Wasser zugeben, verrühren und zu einem geschmeidigen Teig verarbeiten. Abgedeckt für 15 Minuten ruhen lassen.

Kuheuter oder Pansen gründlich säubern und mehrfach mit kaltem Wasser abspülen. In einen Topf mit Wasser das Kuheuter geben, einmal aufkochen lassen und das Wasser abgießen. Den Topf erneut mit Wasser auffüllen, Lorbeer, Wacholder zugeben und das Kuheuter etwa 2 Stunden sanft köcheln lassen. Das Kuheuter sollte weich sein.

Kuheuter mit der Schaumkelle herausnehmen und etwas abkühlen lassen. Die Brühe zur Weiterverarbeitung aufbewahren.

Für die Füllung die Zwiebel und den Knoblauch schälen und fein würfeln. Die Möhren und Pastinake schälen und ebenfalls fein würfeln. Kuheuter ebenfalls in kleine Würfel schneiden. Butterschmalz in eine Pfanne geben und das Gemüse und das Fleisch darin anbraten. Mit Salz und Pfeffer würzen, das Tomatenmark unterrühren. Mit 2 Suppenkellen der Brühe ablöschen und für etwa 20 Minuten sanft köcheln lassen, bis die Füllung stark eingekocht ist.

Die Füllung aus der Pfanne nehmen und abkühlen lassen. Die Hälfte der Masse beiseitestellen. Unter die restliche Masse das Semmelmehl, Schmand und das Ei rühren. Mit Salz und Pfeffer abschmecken.

Den Nudelteig halbieren und mit der Nudelmaschine oder Nudelholz auf einer bemehlten Arbeitsfläche etwa 3 mm dünn ausrollen.

Auf eine Seite des Teiges mit einem Löffel die Füllung in etwa 6 cm Abstand geben. Die andere Hälfte des Teiges darüberlegen und den Teig fest andrücken. Mit einem Ring die Ravioli ausstechen und die Ränder mit einer Gabel fest andrücken. Mit etwas Mehl bestäuben und die Ravioli etwas antrocknen lassen.

Für die Sauce Zwiebel und Gewürzgurken klein schneiden mit einem Löffel Butter in einer Pfanne anschwitzen. Mit Mehl bestäuben, verrühren und mit 100 ml der Brühe ablöschen. Gurkensud und Essig zugegeben, verrühren und aufkochen lassen. Mit Salz, Pfeffer und Zucker abschmecken.

In einem Topf Wasser zum Kochen bringen, etwas salzen und die Ravioli etwa 4 bis 5 Minuten garen. Mit einer Schaumkelle herausnehmen und in die Sauce geben und schwenken.

Zum Anrichten die Ravioli mit der Sauce auf zwei Teller verteilen und den geschnittenen Schnittlauch darüber geben.

Für die Sauce

1 kleine Zwiebel
2 Gewürzgurken
1 EL Butter
1 EL Mehl
2 EL Gurkenwasser
2 EL Essig
Salz und Pfeffer aus der Mühle
1 Prise Zucker
¼ Bund frischer Schnittlauch

Tipp:

Sollten Sie noch Nudelteig oder Füllung übrighaben, können Sie diese auch einfrieren. Die Sauce sollte eine gebundene Konsistenz haben und einen süß-sauren Geschmack. Hier können Sie nach Ihrem Geschmack variieren.

Zweimal gerührte Eier

mit Stachelbeeren

Sollen die Egern'schen Rühreier mit Stachelbeeren wirklich süß sein? Im Kochbuch wird es mit ein wenig Zucker zubereitet. Für alle, die sich das nicht wirklich vorstellen können, biete ich hier 2 Möglichkeiten an. Einmal mit etwas Chili und Frühlingszwiebel für die herzhafte Variante und einmal mit Honig und Mandeln für die „Süßen" unter Ihnen. Ich finde, zwei großartige Varianten sind hier gelungen.

ZUTATEN FÜR DIE HERZHAFTE VARIANTE:

4 Eier (L)
80 ml Milch
130 g frische Stachelbeeren
2 Stängel Frühlingslauch
¼ Chilischote
1 EL Butter
Salz und Pfeffer aus der Mühle

ZUBEREITUNG HERZHAFT:

Eier aufschlagen und mit Milch verrühren.

Stachelbeeren waschen und vierteln. Lauchzwiebel waschen und in feine Ringe schneiden. Einige grüne Lauchzwiebelringe für das Garnieren beiseitestellen. Die Chilischote fein hacken.

Die Butter in einer Pfanne zerlassen und die Stachelbeeren, Zwiebelringe und Chilischote bei mittlerer Temperatur für 2 bis 3 Minuten braten. Die Eiermasse einfließen lassen und mit einem Holzlöffel das Ei zur Mitte zusammenschieben. Sobald das Rührei stockt, die Hitze reduzieren.

Zum Anrichten das Rührei gleichmäßig verteilen. Mit dem Lauchzwiebelgrün garnieren.

ZUTATEN FÜR DIE SÜSSE VARIANTE:

50 g Mandelblättchen
100 g frische Stachelbeeren
4 Eier (L)
80 ml Milch
1 EL Butter
1 TL Honig
1 Msp. Zimt gemahlen
2 frische Minzblätter

ZUBEREITUNG SÜSS:

Mandeln in einer Pfanne ohne Öl bei mittlerer Hitze goldbraun rösten und beiseitestellen. Stachelbeeren waschen und vierteln.

Die Eier aufschlagen und mit Milch verrühren. Butter in einer Pfanne zerlassen und die Stachelbeeren zugeben und für 2 bis 3 Minuten braten. Den Honig und Zimt zugeben. Die Eiermasse einfließen lassen und das Rührei mit einem Holzlöffel mittig zusammenschieben. Sobald das Ei stockt die Temperatur reduzieren.

Zum Anrichten die Rühreier verteilen und die Mandeln darüber streuen. Mit Minze garnieren.

Marktplatz

Allerlei Leipzig

LEIPZIGER ALLERLEI – WER HAT'S ERFUNDEN?

Um die Entstehungsgeschichte ein wenig zu verstehen, müssen wir uns kurz in die Schulzeit zurückversetzen und uns überlegen, was wir in Geografie und Geschichte gelernt haben über Leipzig.

ERSTE UNTERRICHTSSTUNDE GEOGRAFIE

Zwischen Dresden und Leipzig liegt sie, die Leipziger Tieflandsbucht. Kaum Waldfläche und große Seen (Stand 17. Jahrhundert), dafür lösshaltiger fruchtbarer Boden. Gelegen an einem Flussdelta. Parthe, Weiße Elster und Pleiße laufen hier zusammen. Diese ließen riesige Auenwälder entstehen. Klimatisch betrachtet, liegt Leipzig in der Übergangszone von der ozeanischen Klimazone Westeuropas zur östlichen kontinentalen Klimazone. Also optimale Voraussetzungen für gute Landwirtschaft. Mildes, gemäßigtes Wetter.

Kein Wunder, dass alles, was es zu einem Leipziger Allerlei braucht, hier in Hülle und Fülle wuchs und auch lebte. Im Fluss gab es große Bestände von Edelflusskrebsen. Auf den Wiesen der Auwälder wuchsen die Spitzmorcheln und auf den Feldern das Gemüse – eine wunderbare Symbiose aus Fluss, Wald und Land. Fast wie im Schlaraffenland. Der Leipziger hatte so viel davon, dass andere nur neidisch werden konnten und sich dachten, das wollen wir auch. Dazu aber später mehr.

ZWEITE UNTERRICHTSTUNDE GESCHICHTE

Die Via Imperii von Stettin nach Rom und die Via Regia von Kiew nach Santiago de Compostela – zwei wichtige Fernhandelsrouten, die sich genau in Leipzig kreuzten. Schon bevor die Stadt 1497 das königliche Messerecht erhielt, wurde hier bereits gehandelt. Und dort, wo gehandelt wurde, gab es meist viel Geld und viele Begehrlichkeiten. Davon wollten nun einige etwas abhaben. Diverse Herrscher und Krieger machten sich hier breit und führten Kämpfe und Schlachten. Eine der bekanntesten war die Völkerschlacht.

Neben dieser Geschichte des Handels und der Kriege gab es natürlich auch andere. In Leipzig lebten schon immer viele kreative Persönlichkeiten. Leipzig war ein kulturelles und intellektuelles Zentrum. Dichter, Denker und Musiker gaben sich die Klinke in die Hand. All diese klugen Menschen mussten auch essen. Und so kam es, dass Köche und Köchinnen lernten, mit den wunderbaren Zutaten aus Fluss, Wald und Land großartige Speisen zu kreieren. Unter anderem auch Susanna Eger. Ihr sagt man nach, sie hätte das Leipziger Allerlei erfunden. Dies ist allerdings nicht bewiesen. In ihrem Kochbuch aus dem Jahre 1745 findet man dazu überhaupt keinen Eintrag. Es gibt zwei Rezepte, die darauf hinweisen und in ihrer Art dem Leipziger Allerlei ähneln, aber mehr auch nicht.

Zwischen den Jahren 1745–1819 muss es dann entstanden sein. Und eines kann ich Ihnen sagen: Es gibt kein Original und keinen, der es erfunden hat. Kein Rezept, welches in „Stein gemeißelt" ist. Liest man sich durch historische Kochbücher, wurden immer wieder Dinge geändert, Zutaten ergänzt oder ausgetauscht. Und so kam es auch, dass das Leipziger Allerlei über viele Jahrzehnte als „Armeleuteessen" bezeichnet wurde. Warum?

Nun, die Leute, die neidisch auf Leipzig waren, weil es Unmengen von Flusskrebsen und Spitzmorcheln gab, dachten sich, in dieser reichen Stadt kann man Steuern eintreiben. Und dann gab es jene Leute, die aufgrund verlorener Schlachten nicht mehr in der Lage waren, die Stadt zu verlassen. Diese waren mittellos und mussten betteln gehen. Eine schwierige Situation für Leipzig. So überlegten sich die Oberhäupter der Stadt, wie sie Leipzig „arm rechnen" konnten. Und so kam es im Jahre 1815 dazu, dass der Stadtschreiber Malthus Hempel folgende Zeilen an die Leipziger schrieb: „Verstecken wir den Speck und bringen nur noch Gemüse auf den Tisch, sonntags vielleicht ein Stückchen Mettwurst oder ein Krebslein aus der Pleiße dazu. Und wer kommt und etwas will, der bekommt statt Fleisch ein Schälchen Gemüsebrühe und all die Bettler und Steuereintreiber werden sich nach Halle oder Dresden orientieren."

Fazit

Edelflusskrebse aus den Leipziger Flüssen sowie Spitzmorcheln aus den Leipziger Auenwäldern, serviert mit frischem Gemüse von den Leipziger Feldern. Dieses „Allerlei", bekannt über die Stadtgrenzen hinaus, konnte nur zu Leipzig gehören. Und so verpasste man diesem wundervollen Gemüse-Arrangement den Namen Leipziger Allerlei.

Was ist geblieben?

An der Lage Leipzigs und auch der Geschichte hat sich nichts geändert. Das Klima und die äußeren Einflüsse allerdings schon. Durch den Menschen und die Industrialisierung hat sich die Umwelt verändert. Der Edelflusskrebs ist fast ausgestorben. Vorbei mit „krebsen" gehen, so wie es früher genannt wurde. Spitzmorcheln findet man nur noch selten. In getrockneter Form im Supermarkt gibt es sie noch. Und somit ist aus dem damaligen „Armeleuteessen" eine der edelsten Speisen in Deutschland geworden. Serviert wird das Leipziger Allerlei meist mit Semmelklößchen, Spargel, Erbsen, Möhren und einer Flusskrebs-Buttersauce.

Allerlei-Gemüsepfanne

mit geschmorten Eiern und Kräuterbröseln

Resteküche ist nichts Neues in der Leipziger Küche. Und wie wir bereits wissen, wurde das Leipziger Allerlei auch immer mal wieder in den vergangenen Jahrhunderten angepasst. Und was genau muss nun hinein? Es gibt kein Richtig oder Falsch. Somit eignet sich diese Gemüsepfanne ideal zur Resteverwertung.

Zutaten für 2 Pers.:

2 EL weiche Butter
Abrieb von ½ Bio-Zitrone
2 EL geriebenen Parmesan
2 EL Semmelbrösel
Salz und Pfeffer
1 Möhre
1 Pastinake
½ Kohlrabi
100 g Blumenkohl
je 2 Stangen weißer und grüner Spargel
3 Champignons
2 EL Butter
200 ml Gemüsebrühe (Bio-Instant)
Saft von ½ Zitrone
2 EL Crème fraîche
4 Eier
frische Kresse

Zubereitung:

Für die Brösel die weiche Butter, Zitronenabrieb, Parmesan und Semmelbrösel in eine Schüssel geben und kneten. Mit Salz und Pfeffer würzen. Die Brösel kaltstellen.

Für die Gemüsepfanne Möhre, Pastinake und Kohlrabi schälen und in kleine Würfel schneiden. Blumenkohl putzen und in kleine Röschen schneiden. Weißen Spargel schälen. Jeweils beim grünen und weißen Spargel die hölzernen Enden abschneiden. Den restlichen Spargel klein schneiden. Champignons putzen und vierteln.

Die Butter in einer ofenfesten Pfanne erhitzen. Das geschnittene Gemüse anbraten und mit Salz und Pfeffer würzen. Mit Gemüsebrühe und Zitronensaft ablöschen. Für 4 Minuten köcheln lassen. Die Crème fraîche einrühren.

In die Gemüsepfanne mit einem Löffel jeweils 4 Vertiefungen drücken und jeweils ein Ei hineinschlagen. Die Pfanne bei niedriger Temperatur mit Deckel für 10 Minuten köcheln lassen, bis die Eier stocken.

Den Backofen auf 250 °C Oberhitze vorheizen. Die vorbereiteten Brösel auf das Gemüse grob verteilen und für 1 bis 2 Minuten überbacken.

In der Pfanne servieren. Mit Kresse garnieren.

Besser Esser- Leipziger Allerlei

Besser Esser? Nun, während ich an dem Leipziger Kochbuch arbeitete, erhielt ich einen Anruf vom ZDF. Ich sollte das „Leipziger Allerlei" in einem Kochduell gegen die bekannte Hamburger TV-Köchin Zora Klipp kochen. Eine Jury sollte es dann in drei Kategorien bewerten und den Sieger ermitteln. Nun, was soll ich sagen. Der Sieg ging nach Leipzig. Mit großem Stolz und viel Freude habe ich das Rezept hier für Sie aufgeschrieben.

Zutaten für 2 Pers.:

15 g getrocknete Spitzmorcheln
100 g Weißbrot
100 ml Milch
1 Ei
25 g weiche Butter
1 Prise Salz, Muskat
250 g frische Erbsenschoten (alternativ 80 g Erbsen TK)
6 Stangen grüner Spargel
6 feine Bundmöhren
½ Kohlrabi
200 g Blumenkohl
1 EL Butter
50 ml Morchelfond
40 g Butter
½ EL Krebsbutter oder Hummerbutter
1 EL Mehl
100 ml Gemüsefond
100 ml Sahne
2 EL Weißwein
1 EL Butter
20 Flusskrebsschwänze in der Lake (alternativ TK)
Kerbelspitzen zum Garnieren

Zubereitung:

Morcheln in 100 ml heißem Wasser einweichen.

Weißbrot mit einer Küchenmaschine fein hacken und mit Milch aufgießen. Das Ei aufschlagen und trennen. Das Eigelb mit der weichen Butter aufschlagen und das eingeweichte Semmelmehl zugeben. Das Eiweiß mit einer Prise Salz und Muskat steif schlagen. Das Eiweiß unterheben. Für etwa 10 Minuten abgedeckt kühlstellen.

Einen Topf mit etwa 600 ml Wasser zum Kochen bringen und etwas salzen. Mit angefeuchteten Händen aus der Semmelklößchen-Masse kleine Kugeln formen. Für etwa 5 Minuten im sanft kochenden Wasser garen.

Die frischen Erbsenschoten puhlen. Spargel waschen und die holzigen Enden etwa 3 cm abschneiden. Möhren waschen, schälen und der Länge nach halbieren. Kohlrabi schälen und in Spalten schneiden. Blumenkohl waschen und in kleine Röschen schneiden. Einen Topf mit etwa 1 Liter Wasser zum Kochen bringen. Den Blumenkohl, Möhren und Kohlrabi für etwa 9 Minuten blanchieren. Nach 3 Minuten die Erbsen und den grünen Spargel zugeben. Das Gemüse mit einer Schaumkelle herausnehmen und in einer Pfanne mit 1 EL Butter schwenken und warmhalten.

Morchelfond durch ein feines Sieb gießen und beiseite stellen. Die Morcheln ausdrücken.

Für die Sauce die Butter und Krebsbutter in einem kleinen Topf erwärmen und das Mehl einrühren. Gemüsefond, Morchelfond und Sahne aufgießen und bei mittlerer Hitze vorsichtig aufkochen lassen. Gelegentlich umrühren. Mit Weißwein und einer Prise Salz abschmecken. Kerbel fein hacken und zugeben.

Butter in einer Pfanne erhitzen und die Flusskrebsschwänze, Morcheln und Semmelklößchen bei mittlerer Hitze erwärmen und mit Salz abschmecken.

Das Gemüse auf zwei Teller verteilen. Morcheln und Semmelklößchen zugeben. Die Flusskrebsschwänze darauf geben und mit der Sauce aufgießen.

Frühlingseierkuchen

mit gebratenem Spargel, Brokkoli, Möhren und Mohnbutter

„Bläst der April mit beiden Backen, gibt's viel zu jäten und zu hacken" – des einen Freud, ist des andern Leid. Nun, der Frühling kommt und Löwenzahn und Brennnessel wachsen und wir können beides wunderbar in unserem Eierkuchenteig verarbeiten.

Zutaten für 2 Pers.:

Für den Teig

Handvoll Brennnesselblätter
Handvoll Löwenzahnblätter
2 Eier (M)
70 g Mehl
150 ml Milch
1 Prise Salz

Für das Gemüse

150 g grüner Spargel
150 g Brokkoli
2 mittelgroße Möhren
3 EL Butter
Salz und Pfeffer aus der Mühle
3 EL Butterschmalz
1 TL Mohnsamen
1 TL Pistazien

Zubereitung:

Für den Teig Brennnessel und Löwenzahn waschen und trockenschleudern. Die Kräuter grob hacken, in einen Mixbecher geben und mit den Eiern pürieren. Mehl und Milch in einer Schüssel verrühren, die Eiermasse zugeben und mit Salz würzen. Den Teig für 20 Minuten quellen lassen.

Spargel waschen, die holzigen Enden abschneiden. Den Spargel schräg in 2 bis 3 cm lange Stücke schneiden. Brokkoli in 3 cm große Röschen schneiden, waschen und abtropfen lassen. Wasser in einem Topf zum Kochen bringen und den Spargel und Brokkoli für etwa 5 Minuten blanchieren. Anschließend mit kaltem Wasser abschrecken.

Möhren schälen, längs vierteln und der Länge nach halbieren. 2 EL Butter in einer Pfanne erhitzen und die Möhren anbraten, mit Salz und Pfeffer würzen. Mit 2 EL Wasser ablöschen und bei niedriger Temperatur in 5 Minuten fertig garen.

In einer Pfanne das Butterschmalz erhitzen und die Eierkuchen nach und nach von beiden Seiten goldbraun ausbacken. Auf einem Teller mit Backpapier stapeln und bei 60 °C im Ofen warmhalten. Nachdem die Eierkuchen fertig gebacken sind, in die noch heiße Pfanne 1 EL Butter geben, aufschäumen lassen und den Mohn und Pistazien zugeben. Die Möhren, Brokkoli und den Spargel in diese Pfanne geben und durchschwenken.

Die Eierkuchen auf die Teller verteilen, das Gemüse auf eine Hälfte geben und den Eierkuchen zuklappen.

Geeiste Erbsensuppe

mit Allerlei-Rohkostsalat

Zubereitung:

Den Frühlingslauch waschen und klein schneiden. Die Gemüsebrühe mit den Erbsen und dem Lauch etwa 10 Minuten sanft köcheln lassen. Mit einer Schaumkelle einige Erbsen herausheben, mit kaltem Wasser abschrecken und beiseitestellen. Anschließend die restlichen Erbsen mit einem Stabmixer fein pürieren. Die Suppe durch ein Sieb streichen und kaltstellen.

Champignons putzen und vierteln. In einer Pfanne die Butter erhitzen und die Champignons anbraten. Mit Salz und Pfeffer würzen.

Die Möhren und Kohlrabi schälen. Den weißen Spargel schälen, den grünen Spargel waschen. Bei beiden Spargelsorten die holzigen Enden etwa 3 cm abschneiden. Das Gemüse mit dem Sparschäler in dünne Streifen schälen.

Die Gemüsestreifen in eine Schüssel geben und mit Olivenöl und Apfelessig marinieren und mit Salz und Pfeffer abschmecken.

Den Joghurt in die kalte Erbsensuppe rühren und mit einem Spritzer Zitronensaft abschmecken.

Die Suppe auf tiefe Teller verteilen und den Rohkostsalat darauflegen. Die restlichen Erbsen und die Champignons aufteilen. Mit Kresse garnieren.

Zutaten für 2 Pers.:

1 Frühlingszwiebel
350 ml Gemüsebrühe (Bio-Instant)
200 g Erbsen (TK)
6 Champignons
1 EL Butter
Salz und Pfeffer aus der Mühle
2 Möhren
¼ Kohlrabi
4 Stangen weißer Spargel
4 Stangen grüner Spargel
2 EL Olivenöl
1 EL Apfelessig
80 g Naturjoghurt
1 Spritzer Zitronensaft
Kresse zum Garnieren

Gefüllte Kohlrabi

mit Hack und „Allerlei“ Gemüsesauce

„Schäle nicht zu große Kohlrabi, den Deckel oben schneide so, daß die Sprösslinge daran bleiben.“ Ein schönes Rezept hatte Therese Niese in ihrem Kochbuch von 1887 bereits formuliert. Ob sie dabei das Leipziger Allerlei im Hinterkopf hatte, wird ihr Geheimnis bleiben. Wie wir bereits wissen, wurde das Leipziger Allerlei auch gelegentlich mit Mettwurst serviert und nicht immer mit Flusskrebsen und Morcheln.

Zutaten für 2 Pers.:

60 g grüne Erbsen (TK)
2 mittelgroße Kohlrabi
100 g Bio-Hackfleisch gemischt
30 g Perlzwiebeln aus dem Glas
1 Ei
1 EL Senf
3 EL Semmelbrösel
Salz und Pfeffer aus der Mühle
je 2 Stangen weißer und grüner Spargel
1 Möhre
1 Petersilienwurzel
1 Lauchzwiebel
2 EL Butter
200 ml Brühe
Saft von ½ Zitrone
60 ml Sahne
½ Bund frische Petersilie
3 EL Crème fraîche
Kohlrabisprossen

Zubereitung:

Die Erbsen für 3 Minuten in einen Topf mit kochendem Salzwasser geben und blanchieren. Abgießen und mit kaltem Wasser abschrecken. Kohlrabi waschen und schälen. Mit einem Kugelausstecher oder kleinem Löffel die Kohlrabi aushöhlen. Den Inhalt der Kohlrabi in kleine Würfel schneiden.

Den Backofen auf 180 °C Umluft vorheizen.

Für die Füllung das Hackfleisch in eine Schüssel geben. Die Perlzwiebeln fein hacken, die Hälfte der gewürfelten Kohlrabi, Ei, Senf und Semmelbrösel zum Hack geben. Mit Salz und Pfeffer würzen und die Masse kräftig durchkneten. Die Kohlrabi mit der Hackmasse füllen, in eine Auflaufform setzen und mit der Brühe auffüllen. Die Kohlrabi 50 bis 55 Minuten garen.

Für die Gemüsesauce den weißen und grünen Spargel schälen, die holzigen Enden abschneiden und in kleine Stücke schneiden. Möhre und Petersilienwurzel schälen und in kleine Würfel schneiden. Spargel klein schneiden. Lauchzwiebel waschen, längs halbieren und in Streifen schneiden.

In einem Topf die Butter erhitzen und die restlichen Kohlrabiwürfel, Möhre, Petersilienwurzel, Spargel und Erbsen 3 bis 4 Minuten bei mittlerer Temperatur anbraten. Mit Salz und Pfeffer würzen. Den Frühlingslauch zugeben. Mit etwas Brühe aus dem Backofen, Zitronensaft und Sahne ablöschen und 5 Minuten köcheln lassen.

Petersilie waschen, trocknen und fein schneiden.

Zum Ende der Garzeit die Crème fraîche und die Petersilie zugeben und verrühren. Die Sauce sollte eine cremige Konsistenz haben.

Die Kohlrabi aus dem Backofen nehmen und anrichten. Die Gemüsesauce auf beide Teller verteilen und die Kohlrabi daraufsetzen. Mit Kohlrabisprossen garnieren.

„Junge Hühner mit Allerley"

Das Original? Vielleicht? In handschriftlich überlieferten Einträgen findet man folgende Zubereitung und Zutaten, die in Abhängigkeit der Jahreszeiten immer wieder ausgetauscht wurden. Rüben, Petersilienwurzeln, Pastinaken, Möhre, Sellerie, Blumenkohl, Artischocken, Spargel, junge Erbsen, Bohnen. In jedem Fall wurde es mit Morcheln, Pinien- und Pistazienkernen gereicht. Eine dicke Mehlschwitze zubereitet, mit Brühe verdünnt. Das weiße Fleisch des Hühnchens kam dazu und wurde mit Muskatblüten abgeschmeckt. Hier gibt es eine alltagstaugliche Variante „à la Färber" – einen leckeren Eintopf.

ZUTATEN FÜR 2 PERS.:

FÜR DIE KLÖSSCHEN

1 Frühlingszwiebel
150 g Hähnchenhackfleisch
1 Ei
2 EL Semmelmehl
1 TL Senf
Salz und Pfeffer aus der Mühle

FÜR DIE SUPPE

1 EL weiche Butter
1 EL Mehl
8 getrocknete Morcheln
2 EL Pinienkerne
1 Möhre
1 Pastinake
1 Selleriestange
1 Petersilienwurzel
1 kleine Zwiebel
1 EL Butter
1 Prise Zucker
1 EL gehackte Pistazien
0,6 l Gemüsebrühe (Bio-Instant)
1 Lorbeerblatt
2 Pimentkörner
4 Stangen grüner Spargel
3 EL grüne Erbsen (TK)

ZUBEREITUNG:

Für die Klößchen Frühlingszwiebel waschen, halbieren und fein schneiden. Das Hähnchenhackfleisch, Frühlingszwiebel, Ei, Senf und Semmelmehl in eine Schüssel geben. Mit Salz und Pfeffer würzen, kneten und kaltstellen.

Für die Suppe die weiche Butter und das Mehl mit den Händen verkneten.

Die Morcheln laut Packungsbeilage in 100 ml heißem Wasser einweichen. Morcheln herausnehmen und das Morchel-Wasser durch eine Filtertüte oder Tuch passieren.

Pinienkerne ohne Öl in einer Pfanne goldbraun rösten.

Möhren, Pastinake, Sellerie, Petersilienwurzel, Zwiebel schälen und in kleine Würfel schneiden.

Die Butter in einem großen Topf erhitzen und das Gemüse andünsten. Mit dem Zucker karamellisieren und die Pistazien zugeben. Mit Brühe und Morchel-Wasser aufgießen. Morcheln, Lorbeer und Piment zugeben. Die Hackmasse mit einem kleinen Löffel abstechen und in die sanft köchelnde Suppe geben. 20 bis 25 Minuten bei niedriger Temperatur garziehen lassen.

Spargel waschen, die hölzernen Enden etwa 3 cm abschneiden. Spargel in kleine Stücke schneiden.

Die Spargelstücke und Erbsen nach 20 Minuten zugeben.

Vor Ende der Garzeit die bereitgestellte Mehl-Butter-Mischung zum Binden nach Belieben in die Suppe einrühren und nochmal kurz aufkochen lassen. Mit Salz und Pfeffer nochmal abschmecken.

Die Suppe auf zwei tiefe Teller verteilen und die Pinienkerne darüber geben.

Leipziger Allerlei vom Blech

mit grober Bratwurst und Erbsen-Dip

Es passt in unseren Alltag und ist ohne großen Aufwand zubereitet. Alles, was an Gemüse zu finden ist, wird auf ein Backblech gelegt. Mariniert und gewürzt, kommt es dann in den Ofen. Wie damals sind Flusskrebse nicht immer günstig und somit kommt die grobe Bratwurst dazu. Und jeder in der Familie nimmt sich dann sein Lieblingsgemüse oder die Wurst.

Zutaten für 2 Pers.:

100 g grüne Erbsen (TK)
1 EL Weißweinessig
Salz und Pfeffer aus der Mühle
1 EL Senf mittelscharf
4 EL Mayonnaise
100 g grüne Bohnen
½ Kohlrabi
2 Möhren
4 Stangen grüner Spargel
1 Stange Staudensellerie
¼ Blumenkohl (250 g)
3 kleine grobe Bratwürste
3 EL Baumöl (Olivenöl)
¼ Bund frische Petersilie

Zubereitung:

Für den Dip die Erbsen in einem Topf mit kochendem Salzwasser für 4 Minuten blanchieren, abgießen und mit kaltem Wasser abschrecken. Die Erbsen in ein hohes Gefäß geben. Essig dazugeben und mit Salz und Pfeffer würzen. Mit einem Stabmixer die Erbsen fein pürieren. Senf und Mayonnaise dazugeben und glattrühren.

Die grünen Bohnen putzen und in einem Topf mit kochendem Salzwasser 3 bis 4 Minuten blanchieren. Über einem Sieb abgießen, mit kaltem Wasser abschrecken und abtropfen lassen.

Kohlrabi und Möhren schälen und in grobe Stücke schneiden. Spargel schälen und die hölzernen Enden abtrennen. Sellerie waschen und in Stücke schneiden. Blumenkohl putzen und in Röschen schneiden. Die Bratwürste in 3 cm große Stücke teilen.

Den Backofen auf 180 °C Umluft vorheizen. Das Gemüse und die Bratwürste in eine große Schüssel geben. Mit Salz und Pfeffer würzen und mit dem Olivenöl marinieren. Alles auf ein mit Backpapier ausgelegtes Backblech legen. Für etwa 30 Minuten backen. Nach der Hälfte der Zeit das Gemüse wenden. Vor Ende der Garzeit die Bohnen hinzugeben und weitere 5 Minuten mitbacken.

Petersilie waschen, trocknen und fein schneiden.

Das Gemüse aus dem Ofen nehmen. Die Petersilie darüber streuen und mit dem Erbsen-Dip servieren.

Mein Leipziger Allerlei-Risotto

mit Selleriechips

Von Anfang an wusste ich, dass ich ein Risotto aus dem Allerlei-Gemüse machen werde, denn 1994 war es passiert. Ich verliebte mich in die italienische Küche. Ich liebe Pasta und Risotto in allen Varianten und somit darf dieses Rezept hier nicht fehlen. Und da die Zutaten für das Leipziger Allerlei nicht in „Stein gemeißelt" sind und es im Laufe der Jahrhunderte immer wieder Veränderungen gab, sind Ihnen hier keine Grenzen gesetzt. Buon appetito!

ZUTATEN FÜR 2 PERS.:

80 g Sellerieknolle
50 g grüne Bohnen
50 g Erbsen (TK)
2 mittelgroße Möhren
½ Kohlrabi
3 EL Butter
90 g Risotto-Reis
100 ml Weißwein
400 ml Gemüsebrühe
130 g Blumenkohl
4 Stangen grüner Spargel
100 g Champignons
2 EL Olivenöl
Salz und Pfeffer aus der Mühle
Saft von ½ Zitrone
60 g Parmesan am Stück
4 Zweige frischer Kerbel

ZUBEREITUNG:

Für die Selleriechips den Backofen auf 100 °C Umluft vorheizen. Sellerie schälen, in dünne Scheiben hobeln und auf ein mit Backpapier ausgelegtes Backblech nebeneinander legen. Die Chips etwa 30 Minuten trocknen. Anschließend bei 60 °C weitere 45 Minuten trocknen. Mit einem Holzlöffel die Backofentür leicht geöffnet halten und fertig garen.

Bohnen putzen und grob schneiden. Einen Topf mit Wasser zum Kochen bringen, salzen und die Bohnen und Erbsen für 3 Minuten blanchieren. Abgießen und mit Eiswasser abschrecken. Anschließend auf einem Sieb abtropfen lassen.

Möhren und Kohlrabi schälen, in feine Würfel schneiden und mit 1 EL Butter in einem mittelgroßen Topf farblos anbraten. Den Risotto-Reis zugeben, kurz mitschwitzen lassen, mit Weißwein ablöschen und mit einem Holzlöffel umrühren. Mit der Brühe nach und nach aufgießen, bei schwacher Hitze gelegentlich umrühren. Der Reis sollte nach etwa 20 Minuten bissfest sein. Gegebenenfalls noch etwas Brühe zugeben.

In der Zwischenzeit den Blumenkohl putzen und in kleine Röschen schneiden. Spargel waschen, die holzigen Enden 2 cm abtrennen und grob schneiden. Champignons putzen und vierteln. Das Olivenöl in einer großen Pfanne erhitzen und das Gemüse in 3 bis 4 Minuten kräftig anbraten. Mit Salz und Pfeffer würzen. Mit dem Zitronensaft ablöschen, 2 EL Butter zugeben und bei mittlerer Hitze das Gemüse fertig garen.

Zum Fertigstellen des Risottos den Parmesan grob reiben. Den Topf vom Herd nehmen und die Butter und den Parmesan mit einem Holzlöffel kräftig unterrühren. Das Risotto sollte eine cremige Konsistenz erhalten. Mit Salz und Pfeffer nochmals abschmecken.

Zum Anrichten das gebratene Gemüse verteilen. Anschließend das Risotto darauf geben und die knusprigen Selleriechips darüber streuen. Mit Kerbel garnieren.

Morchel-Mandelsuppe

mit Erbsen-Grießnocken

ZUBEREITUNG:

Spitzmorcheln in etwa 200 ml warmem Wasser einweichen. Morcheln über ein Sieb geben und den Fond auffangen. Den Fond nochmals durch ein feines Sieb oder eine Filtertüte gießen.

Kartoffeln und Zwiebel schälen, Knoblauch abziehen und alle grob klein schneiden. Die frischen Pilze putzen und ebenfalls grob schneiden.

2 EL Butter in einem mittelgroßen Topf zerlassen und die frischen Pilze für etwa 2 Minuten anbraten. Kartoffeln, Sellerie, Zwiebeln, Morcheln und Knoblauch zugeben. Mit Salz und Pfeffer würzen. Mit Morchelfond und Brühe aufgießen. Bei mittlerer Temperatur etwa 20 bis 25 Minuten köcheln lassen.

In der Zwischenzeit die Milch mit 2 EL Butter in einem kleinen Topf erhitzen, die Erbsen zugeben und fein pürieren. Den Grieß unterrühren, den Topf vom Herd nehmen und das Ei zügig unterrühren. Die Masse kurz quellen lassen. In einem Topf 500 ml Wasser erhitzen, etwas salzen und das Erbsenpüree mit zwei Löffeln zu Nocken formen und in das sanft siedende Wasser geben. Die Nocken sind fertig, wenn diese an der Wasseroberfläche schwimmen.

Die Morchelsuppe mit einem Pürierstab fein pürieren. Die Crème fraîche zugeben und mit Salz und Pfeffer abschmecken und nochmals pürieren.

Die Erbsen-Grießnocken mit einer Schaumkelle herausheben, kurz abtropfen lassen und auf zwei Schüsseln verteilen. Mit der Morchelsuppe aufgießen. Mit den Erbsenkeimlingen garnieren.

ZUTATEN FÜR 2 PERS.:

20 g getrocknete Spitzmorcheln
200 g Kartoffeln
½ Zwiebel
1 Knoblauchzehe
100 g frische Pilze (Austernseitlinge, Champignons)
4 EL Butter
80 g Knollensellerie
Salz und Pfeffer aus der Mühle
200 ml Morchelfond
400 ml Gemüsebrühe (Bio-Instant)
130 ml Milch
60 g grüne Erbsen (TK, aufgetaut)
80 g Hartweizengrieß
1 Ei (M)
2 EL Crème fraîche
Erbsenkeimlinge zum Garnieren

Spargel-Erbsen Ragout

mit Morcheln, Möhren und Kohlrabirohkost

Zutaten für 2 Pers.:

10 g getrocknete Morcheln
1 mittelgroßer Kohlrabi
Saft von ½ Zitrone
frischer Estragon
1 TL Essig
1 EL Olivenöl
2 EL Sauerrahm
Salz und Pfeffer aus der Mühle
80 g Erbsen (TK)
4 Stangen weißer Spargel
4 Stangen grüner Spargel
1 Frühlingszwiebel
1 EL Butter
80 ml Weißwein
100 ml Sahne

Zubereitung:

Morcheln laut Packungsbeilage mehrfach im Wasser einweichen, säubern und grob schneiden.

Kohlrabi schälen, waschen und in Streifen hobeln. Mit etwas Zitronensaft beträufeln. Estragon fein hacken und mit Essig, Olivenöl und Sauerrahm verrühren und mit etwas Salz abschmecken und über den Kohlrabi geben. Gut vermengen und bis zum Anrichten in den Kühlschrank stellen.

Grüne Erbsen in einem Topf mit kochendem Salzwasser für 3 Minuten blanchieren, abgießen, im Eiswasser abschrecken und anschließend auf einem Sieb abtropfen lassen.

Weißen Spargel schälen und die holzigen Enden etwa 2 cm abschneiden. Spargel der Länge nach halbieren und schräg vierteln. Den grünen Spargel waschen und ebenfalls die holzigen Enden abschneiden und den Spargel in dieselbe Größe schneiden.

Frühlingszwiebel waschen und das Weiße der Zwiebel abtrennen und in kleine Würfel schneiden. Das Grün der Frühlingszwiebel in feine Ringe schneiden.

Das Weiße der Frühlingszwiebel mit 1 EL Butter in einem Topf anschwitzen. Den Spargel dazugeben und in 2 bis 3 Minuten farblos anbraten, mit Weißwein ablöschen und einkochen lassen. Dann die Sahne, Morcheln und die Erbsen zugeben und etwa 10 Minuten köcheln lassen. Mit Salz und Pfeffer würzen. Der Spargel sollte nicht zu weichgekocht werden. Zum Schluss das Grün der Frühlingszwiebel zugeben.

Zum Anrichten das cremige Spargelragout verteilen. Den Kohlrabisalat dazugeben.

Bundesverwaltungsgericht am Simsonplatz

NGSGERICHT

Leipziger Hausmannskost – Alltagskost

„Wir fraßen herzhaft", so beschreibt Friedrich Schiller am Ende des 18. Jahrhunderts seinem Freund Theodor Körner die Leipziger Küche. Diese wenigen Worte reichen, um deutlich zu machen, wie es hier in der Leipziger Alltagsküche ausgesehen haben muss.

Fremdenverkehr, Messen, Fernhandel und die ständigen „Neuankömmlinge" in einer aufstrebenden Stadt – so war es damals schon und ist es auch heute noch. Damals waren die Neuankömmlinge Dichter und Denker, Studierende und Künstler, es waren Gäste aus benachbarten Regionen oder aus der Ferne. Leipzig erlebte und erlebt einen ständigen Wandel. Das alltägliche Speiseangebot – also die Alltagskost in Leipzig – war einigen Veränderungen ausgesetzt. Kein Einzelfall in der regionalen und lokalen Küchentradition. Daraus entstand meist erst das besondere kulinarische Glück einer Stadt.

Eine immer wiederkehrende Grundstruktur der Alltagsküche und vor allem der Wochenabläufe sind geblieben. Zurückzuführen, zum Beispiel, auf Rituale der Kirchen, Feiertage, große Feste oder den Wechsel der Jahreszeiten, hielten sich die Wochenabläufe über Jahrhunderte und sind bis heute zum Teil fester Bestandteil des Alltages.

Und heute wird „noch" sehr viel gut Bürgerliches, Alltägliches gekocht. Bewusst sage ich „noch". In Zeiten von Nachhaltigkeit, Klimaveränderungen und eben auch des wandelnden Lebensmittelangebots verändert sich die Leipziger Küche. Und genauso wird es über Jahrhunderte gewesen sein. Eine allgemeine Alltagskost für alle Bevölkerungsschichten gab es nie und wird es auch nie geben. Die Ernährung ist von den sozialen Strukturen und deren Gefälle abhängig. Damals waren es die Tagelöhnerfamilien und reiche Bürgerfamilien. Gekocht und gegessen wurde aber schon immer. Und Veränderungen im Laufe der Zeit sind unumgänglich.

Daher ist so wichtig, Rezepte aufzuschreiben und zu bewahren. Die deutsche Küche war und ist immer schon eine ehrliche und geschmackvolle Küche gewesen. Wir sollten uns bemühen, traditionelle Rezepte weiterzugeben. Auf diese Weise bleibt uns Heimatküche erhalten und weckt Erinnerungen an die Familie und unser Zuhause.

Hauptbahnhof

Delikates Wellfleisch

mit Apfel-Weißkohl auf Brot

Erst gemeinsam essen, dann vor Gericht streiten und anschließend wieder gemeinsam trinken. Staatsanwälte, Richter, Anwälte, Kläger und Angeklagte getrennt oder an einem Tisch? Ein Gerichtsamt mit einem eigenen Lokal? Um 1850 befand sich dieses Lokal im Peterssteinweg 3 gegenüber dem Gericht. Ein Fleischermeister, der sehr unternehmungslustig war und sich im Laufe der Jahre vergrößert hatte, bot Speisen und Getränke an. Da sich gegenüber das Gerichtsamt befand, tummelten sich nun allmählich alle, die dort, die hier zu tun hatten. Mehrere Gasträume trennten die möglicherweise zerstrittenen Parteien. Ob sie zusammen aßen und tranken? Je nachdem wie der Prozess verlief. Kulinarisch jedenfalls war es ein Geheimtipp geworden. Es wurde „famouse Wurstsuppe" oder „delicates Wellfleisch" serviert.

Zutaten für 2 Pers.:

300 g Schweinebauchscheiben
1 Prise Salz
1 Zwiebel
je 3 Lorbeerblätter, Nelken und Wacholderbeeren
1 TL Kümmel
1 TL Pfefferkörner
1 TL getrockneter Majoran
½ Spitzkohl
1 Möhre
1 säuerlicher Apfel
2 Gewürzgurken
1 EL Gewürzgurkensud
2 EL Olivenöl
2 EL Schmand
1 TL Senf
1 TL Honig
1 EL Sahnemeerrettich
Salz und Pfeffer aus der Mühle
2 dunkle Brötchen
Röstzwiebeln
frischer Majoran
Knoblauchsprossen

Zubereitung:

Den Schweinebauch mit etwa einem Liter kaltem Wasser ansetzen und aufkochen lassen. Den Schaum abschöpfen. Eine Prise Salz, eine Zwiebel, Lorbeerblätter, Nelken, Wacholder, Kümmel und zerdrückte Pfefferkörner zugeben und alles etwa 75 Minuten köcheln lassen. Den getrockneten Majoran kurz vor Ende der Garzeit zugeben.

Spitzkohl in feine Streifen schneiden. Möhre schälen und grob raspeln. Apfel waschen und ebenfalls bis auf das Kerngehäuse grob raspeln. Gewürzgurken in dünne Streifen schneiden. Alles in eine große Schüssel geben.

Etwas Gewürzgurkensud, Öl, Schmand, Senf, Honig und Sahnemeerrettich in eine Schüssel geben und mit einem Schneebesen verrühren. Mit Salz und Pfeffer würzen. Das Dressing zu Spitzkohl, Möhren und Gurke geben. Mit den Händen kräftig kneten.

Die Brötchen halbieren, mit dem Weißkohl-Apfelsalat und Wellfleisch (in Scheiben geschnitten) belegen. Mit den Röstzwiebeln und Majoran servieren, mit den Knoblauchsprossen garnieren.

Entenbrust

mit echten Leipziger Krautklößen

„Nimm 4 abblanchierte Krautköpfe, wiege Sie sehr fein, salze sie ein und drücke das Kraut durch ein Tuch. Nun lass ¼ Pfund Butter zergehen…, Nimm für 18 Pfennige Semmeln… So stand es geschrieben in einem alten handgeschriebenen Leipziger Kochheft, welches ich in der Bibliothek in den Händen hielt. Nicht mehr wirklich bekannt, aber wie der Leipziger zu sagen pflegt, wenn ihm etwas schmeckt, ein „Schmeckerchen" sind diese Krautklöße. Diese wurden gern in der kalten Jahreszeit mit Geflügel serviert.

Zutaten für 2 Pers.:

400 g Wirsing
2 EL Butter
Salz, Pfeffer
1 Msp. gemahlene Wacholderbeeren
3 gekochte Kartoffeln
4 EL Semmelmehl
1 Ei
2 EL Mehl
½ EL Stärke
200 ml Fleischbrühe (Instant)
2 Entenbrüste
1 Zwiebel
½ Apfel
½ EL Butterschmalz
2 EL Balsamico-Essig

Zubereitung:

Für die Klöße den Wirsing vierteln, den Strunk herausschneiden und fein schneiden. Den Wirsing etwa 7 bis 9 Minuten blanchieren. Mit kaltem Wasser abschrecken, abtropfen lassen und durch ein Küchentuch ausdrücken. Die Butter erhitzen und den Wirsing darin 5 bis 6 Minuten bei mittlerer Temperatur schmoren. Mit Salz, Pfeffer und Wacholder würzen. Die Masse abkühlen lassen.
Die gekochten Kartoffeln mit einer Gabel zerdrücken. Semmelmehl, Ei, Mehl, Wirsing, Stärke und Kartoffel zu Teig verarbeiten. Aus der Masse kleine Klöße formen und in der heißen Fleischbrühe etwa 15 Minuten garziehen lassen.

Entenbrüste waschen, trockentupfen und mit einem scharfen Messer rautenförmig die Haut einschneiden. Zwiebel schälen und in Würfel schneiden. Apfel waschen, vierteln, entkernen und ebenfalls würfeln. Backofen auf 160 °C Ober-/ Unterhitze vorheizen. Butterschmalz in einer Pfanne erhitzen. Entenbrüste mit der Hautseite nach unten 5 Minuten bei mittlerer Temperatur anbraten, salzen und wenden. Die Entenbrüste in eine ofenfeste Form legen für etwa 16 bis 18 Minuten in den Ofen geben. In derselben Pfanne die Zwiebel- und Apfelwürfel 2 bis 3 Minuten braten und mit etwa 5 EL der Brühe ablöschen und einkochen lassen. Die Sauce mit einem Stabmixer pürieren und mit Balsamico-Essig abschmecken.

Die rosa gebratenen Entenbrüste mit den Klößen und der Sauce anrichten.

Erbsbrei mit Sauerkraut,

Birnen und Senffleisch

„Auch unser edles Sauerkraut, wir sollten's nicht vergessen. Ein Deutscher hat zuerst gebaut drum ist`s ein deutsches Essen." Der Text stammt aus dem Metzelsuppenlied von Ludwig Uhland. Ob er es im 19. Jahrhundert hier in Leipzig im Hause des Germanisten Moritz Haupt geschrieben hat, ist unklar. In jedem Fall gibt es seither einen Uhlandweg in Leipzig Mölkau.

ZUTATEN FÜR 2 PERS.:

2 kleine Zwiebeln
150 g Schweinenacken
100 g Schinkenschwarte
Salz und Pfeffer aus der Mühle
1 EL mittelscharfer Senf
250 g geschälte gelbe Erbsen
1 Lorbeerblatt
1 EL Schweineschmalz
150 g Sauerkraut küchenfertig
1 mittelgroße Birne
200 ml Bier
40 g Bauchspeck
Worcestersauce

ZUBEREITUNG:

Zwiebeln schälen und grob schneiden. Den Schweinenacken und Schweinespeck in daumendicke Würfel schneiden, salzen, pfeffern, Zwiebeln zugeben und mit dem Senf marinieren.

Die Erbsen in reichlich kaltem Wasser über Nacht einweichen. Das Wasser über einem Sieb abgießen. Die eingeweichten Erbsen mit Lorbeer und ausreichend Wasser bedecken, erhitzen und etwa 1 Stunde köcheln lassen, bis die Erbsen weich sind.

Schweineschmalz erhitzen und das marinierte Fleisch mit den Zwiebeln anbraten. Sauerkraut und Birne dazugeben und mit Bier ablöschen. Mit Salz und Pfeffer würzen. Im vorgeheizten Backofen bei 170 °C etwa 50 bis 60 Minuten schmoren lassen. Gelegentlich umrühren.

Die weichen Erbsen abgießen und das Lorbeerblatt entfernen. Die Erbsen in ein hohes Gefäß geben und mit einem Stabmixer fein pürieren. Gegebenenfalls noch etwas Flüssigkeit zugeben. Den Bauchspeck in feine Streifen schneiden und in einer Pfanne mit etwas Schmalz knusprig braten. Mit Worcestersauce, Salz und Pfeffer abschmecken.

Das Erbspüree auf einem Teller kreisförmig servieren. Das Senffleisch mittig anrichten und die krossen Bauchspeckstreifen darüber geben.

Forellen in Borsdorfer Apfelsauce

mit Lorbeerkartoffeln

Wie Sie bereits erfahren haben, hat Leipzig eine große Fischereitradition und so verwundert es nicht, dass auch Fischrezepte in Leipzig kreiert wurden. So wie in Therese Nieses Kochlehranstalt 1883. Hier wurde nicht nur das Kochen gelehrt, sondern eben auch auf Sauberkeit, Sparsamkeit, gut Wirtschaften und Resteverwertung geachtet. Unterdessen kamen hier eben auch Forellen auf den Tisch, welche in den Leipziger Gewässern gefischt wurden. Um Ihnen die Arbeit etwas zu erleichtern, verwenden wir keine ganze Forelle sondern gleich Forellenfilets, die wir in Butter anbraten.

ZUTATEN FÜR 2 PERS.:

4 mittelgroße Kartoffeln
8 frische Lorbeerblätter
Salz und Pfeffer aus der Mühle
2 EL Butterschmalz
2 Borsdorfer Äpfel
3 EL Butter
1 EL Zucker
50 ml Apfelsaft
etwas Zitronenschale
½ Bund frischer Schnittlauch
2 Forellenfilets à 150g
2 EL Mehl

ZUBEREITUNG:

Für die Kartoffeln den Backofen auf 200 °C vorheizen. Kartoffeln waschen, mit einem Holzspieß länglich im unteren Teil durchstechen und mit einem scharfen Messer fächerartig einschneiden, dabei jedoch nicht die Kartoffel durchtrennen. Die Holzspieße anschließend wieder herausziehen. Die Lorbeerblätter einzeln in die Einschnitte stecken und mit Salz und Pfeffer würzen. Die Kartoffeln in eine ofenfeste Form setzen. Das Butterschmalz in einer Pfanne erhitzen und dann über die Kartoffeln gießen. Die Kartoffeln etwa 60 Minuten im Ofen backen.

Die Äpfel waschen, vierteln, entkernen und in Würfel schneiden. 1 EL Butter in einer Pfanne erhitzen, die Äpfel und Zucker zugeben und etwas karamellisieren lassen. Mit dem Apfelsaft ablöschen, Zitronenschale zugeben und mit Salz abschmecken. Schnittlauch fein schneiden und zugeben. Das Apfelragout etwa 5 Minuten köcheln lassen.

Die Forellenfilets abwaschen, trockentupfen, etwas salzen und von beiden Seiten in Mehl wälzen.

2 EL Butter in der Pfanne erhitzen und die Forellenfilets mit der Hautseite bei mittlerer Temperatur 4 bis 5 Minuten braten. Die kross gebratenen Forellenfilets vorsichtig herausheben und mit der Hautseite nach oben auf das Apfelragout legen. Bei geringerer Temperatur die Filets garziehen lassen. Die Kartoffeln aus dem Backofen nehmen und auf zwei Tellern anrichten. Das Apfelragout mit den Forellenfilets servieren.

Frutures

Therese Nieses Oblaten-Würstchen

„Frutures" – ja, richtig gelesen! So steht es geschrieben im Kochbuch der Therese Niese aus dem Jahre 1887. Wieder ein wunderschönes Beispiel dafür, dass bereits damals sehr viel Wert auf Nachhaltigkeit gelegt wurde. Therese Niese war nicht nur eine gewissenhafte Lehrmeisterin in ihrer Kochlehranstalt in der Jacobstraße, sondern auch noch sehr kreativ. Der übrig gebliebene Braten wurde fein gehackt, mit Butter und Eiern vermengt und in eine aufgeweichte Oblate eingerollt. Anschließend in Ei und Semmelmehl paniert und in Butterschmalz knusprig ausgebacken.

Zubereitung:

Für die Füllung das Bratenfleisch, Bauchspeck und Backpflaumen fein hacken. Zwiebel in feine Würfel schneiden. Möhre schälen und in kleine Würfel schneiden. Porree waschen und fein schneiden. Petersilie waschen, trocknen und fein hacken.

Butter in einer Pfanne erhitzen, Bratenfleisch, Backpflaumen, Speck, Möhre, Porree und Zwiebeln farblos 2 bis 3 Minuten anbraten. Das Mehl einrühren, mit Bratensauce und Rotwein auffüllen. 2 bis 3 Minuten bei kleiner Hitze einköcheln lassen. Das Ragout mit Salz und Pfeffer würzen, mit Petersilie und Majoran abschmecken. Das Ragout aus der Pfanne nehmen und abkühlen lassen.

In der Zwischenzeit die saure Sahne mit Salz, Pfeffer und Paprikapulver verrühren. Zum Panieren die Eier in einer Schüssel aufschlagen. Das Semmelmehl ebenfalls in eine Schüssel geben.

In die etwas abgekühlte Fleischmasse die Eigelbe einrühren. Die Wraps auslegen, die Masse als 2 cm dicken Streifen in den vorderen Bereich des Wraps geben. Die Seiten einklappen und den Wrap straff einrollen. Die gerollten Wraps in Ei und Semmelmehl zweimal panieren.

Das Butterschmalz erhitzen und die Frutures darin goldbraun ausbacken. Auf Küchenpapier legen und entfetten. Zum Anrichten die warmen Frutures schräg halbieren und den Paprika-Schmand zum Dippen dazugeben.

Zutaten für 2 Pers.:

200 g Schweinebraten gegart vom Vortag
30 g Bauchspeck fein gewürfelt
4 Backpflaumen
½ Zwiebel
1 Möhre
½ Porree
½ Bund frische Blattpetersilie
1 EL Butter
1 EL Mehl
100 ml Bratensauce v. Vortag
2 EL Rotwein
Salz und Pfeffer aus der Mühle
1 TL getrockneter Majoran
2 EL saure Sahne
1 Msp. Paprikapulver
2 Eier
Semmelmehl zum Panieren
2 Eigelb
2 mittelgroße Wraps
2 EL Butterschmalz

Heringsbrühe
mit Quetsch-Kartoffeln

Folgende Zeilen entnahm ich einer handgeschriebenen Leipziger Rezeptsammlung: „man wässere Heringe zwei- drei Stunden lang, schäle und gräte Ihn aus und wiege Ihn …" Genauere Angaben oder eine detaillierte Rezeptbeschreibung waren nicht dabei. Von mir bekommen Sie nun dieses interessante und wirklich leckere Rezept – dazu noch einen Apfel-Meerrettichsalat und Kartoffelschalen-Chips.

Zutaten für 2 Pers.:

4 Matjesfilets
300 g Kartoffeln
2 EL Sonnenblumenöl
Salz und Pfeffer aus der Mühle
½ Bund Schnittlauch
4 EL Butter
1 Zwiebel
2 EL Mehl
½ l Brühe (Bio-Instant)
½ Apfel
1 Stange Frühlingslauch
1 EL Schmand
Saft von ½ Zitrone
1 EL Sahnemeerrettich

Zubereitung:

Die Matjesfilets für 15 Minuten in kaltem Wasser wässern. Backofen auf 200 °C Umluft vorheizen. Die Kartoffeln waschen und schälen. Die Schalen auf ein mit Backpapier ausgelegtes Backblech legen. Mit Öl und einer Prise Salz marinieren und für 15 bis 20 Minuten im Ofen kross backen.

Die Kartoffeln in Würfel schneiden. In einem Topf mit Salzwasser weichkochen. Wasser abgießen, ausdampfen lassen. Den Schnittlauch waschen, in feine Röllchen schneiden. Die Kartoffeln mit einer Gabel grob quetschen. Schnittlauch und 2 EL Butter unterheben, mit etwas Salz abschmecken.

Matjesfilets trockentupfen und klein hacken. Zwiebel abziehen, halbieren und fein würfeln. Butter in einer Pfanne erhitzen, die Zwiebelwürfel und Hering bei mittlerer Temperatur 5 bis 6 Minuten dünsten. Das Mehl zugeben, verrühren und kurz „schwitzen" lassen. Mit der Brühe auffüllen und rühren. 10 Minuten sanft köcheln lassen.

Den Apfel halbieren, entkernen und in feine Streifen schneiden. Frühlingslauch waschen und in feine Ringe schneiden. Schmand mit Salz, Pfeffer und Zitronensaft abschmecken, den Meerrettich unterheben und mit den Apfelstreifen und Lauch vermengen. Die krossen Kartoffelschalen-Chips aus dem Backofen nehmen und etwas abkühlen lassen.

Zum Anrichten die Kartoffeln in zwei tiefe Teller geben, mit der Heringsbrühe auffüllen. Den Apfel-Meerrettichsalat und die Kartoffelchips dazugeben.

Idas Wickelklöße

mit Petersiliensauce und Rippchenfleisch

Uroma Ida machte sich auf den Weg in den Himmel, als ich 5 Jahre alt war. Ich kam also nicht mehr in den Genuss ihrer besonderen Art der Wickelklöße. Aber meine Mama hat mir dieses großartige Rezept verraten und kam ins Schwärmen, als ich alle Details wissen wollte. Sie lebte mit ihrem Bruder, ihren Eltern und Großeltern damals als Großfamilie in der Leipziger Lampestraße, in der Nähe vom Floßplatz. Das Besondere an diesem Rezept ist, es wird nicht wie üblich in der sächsischen Küche mit Kartoffeln zubereitet, sondern mit einem Nudelteig. Dazu gab es meist Petersiliensauce und Rippchenfleisch. Einfach, aber sehr lecker.

ZUTATEN FÜR 2 PERS.:

1 EL Butter
80 g Semmelbrösel
400 g Rippchen vom Schwein
1 Zwiebel
1 Möhre
2 Lorbeerblätter
1 TL Pfefferkörner
1 EL Essig
1 Prise Salz
140 g + 1 EL Mehl zum Ausrollen
1 Ei
1 Eigelb
40 g Butter
300 ml Fleischbrühe
½ Bund Petersilie
Saft von ¼ Zitrone
Salz und Pfeffer aus der Mühle

ZUBEREITUNG:

Butter in einer Pfanne erhitzen und das Semmelmehl goldbraun rösten. Herausnehmen und abkühlen lassen.

Die Rippchen mit kaltem Wasser abspülen. Zwiebel schälen und vierteln. Möhre waschen und grob schneiden. Einen Topf mit etwa 800 ml Wasser auffüllen, Lorbeer, Pfefferkörner, Essig, Zwiebel, Möhre und eine Prise Salz zugeben. Die Rippchen dazugeben und etwa 60 Minuten abgedeckt köcheln lassen, bis das Fleisch weich ist und sich vom Knochen löst.

Für den Teig Mehl, Salz, Ei, Eigelb und etwa 1 bis 2 EL Wasser in einer Schüssel zu einem geschmeidigen Teig verarbeiten. Den Teig abgedeckt für etwa 20 Minuten in den Kühlschrank stellen.

Für die Sauce die Butter in einem kleinen Topf schmelzen, 1 EL Mehl dazugeben, verrühren und „schwitzen" lassen. Mit 300 ml Brühe von den Rippchen aufgießen und bei mittlerer Temperatur unter ständigem Rühren aufkochen lassen. Petersilie waschen, trocknen und fein hacken. Die Sauce mit Zitronensaft, Salz, Pfeffer abschmecken und die Petersilie zugeben. Mit einem Stabmixer die Sauce fein pürieren.

Den Teig auf einer leicht bemehlten Arbeitsfläche mit einem Nudelholz dünn ausrollen. Immer wieder etwas Mehl einarbeiten, sollte der Teig kleben. Mit einem Ausstecher mittelgroße runde Teigplatten ausstechen. Die gerösteten Semmelbrösel mit einem Teelöffel mittig auf die Teigplatten geben. Die Teigplatten zusammenfalten und die Teigenden mit einer Gabel fest andrücken.

In einem Topf mit kochendem Salzwasser die „Wickelklöße" etwa 4 bis 5 Minuten garen. Mit einer Schaumkelle herausnehmen und auf die Teller verteilen.

Die weichen Rippchen am Knochen entlang schneiden und verteilen. Die Petersiliensauce darübergeben und servieren.

TIPP:

Die restliche Brühe der Rippchen durch ein Sieb gießen und bis zur weiteren Verwendung einfrieren.

Jagdwurst-Klöße,
Sauerkrautsuppe und Bauchspeck

Mit Beginn des 18. Jahrhunderts hielt die Kartoffel Einzug in die Leipziger Alltagsküche. Und es stand ein neues Nahrungsmittel zur Verfügung, welches vor allem günstig war und einen hohen Sättigungswert hatte. So kamen viele neue Speisen dazu. Der „Thüringer Kloß“ übernahm zwar namentlich die „Weltherrschaft“, aber die Leipziger waren auch sehr kreativ. Eines von 2 Leipziger Kloßgerichten serviere ich Ihnen hier.

ZUBEREITUNG:

Kartoffeln schälen, halbieren und weichkochen. Das Wasser abgießen und die Kartoffeln durch eine Kartoffelpresse pressen, ausdampfen und abkühlen lassen. Etwa 50 g Kartoffeln für die Sauerkrautsuppe beiseitestellen, Jagdwurst in kleine Würfel schneiden.

Das Ei, Eigelb, Mehl, eine Prise Salz und Grieß zur Kartoffelmasse geben und gut kneten. Die feingewürfelte Jagdwurst mit unterheben. Mit angefeuchteten Händen 6 mittelgroße Klöße formen.

Die Klöße in siedendem Salzwasser etwa 10 bis 12 Minuten garen, bis die Klöße an der Wasseroberfläche schwimmen.

Bauchspeck in Würfel schneiden und in einer Pfanne ohne Öl kross braten.

Für die Suppe die Zwiebel schälen, halbieren und in kleine Würfel schneiden. In einem kleinen Topf Butter erhitzen, die Zwiebeln und Sauerkraut anbraten. Mit Gemüsebrühe und Sahne ablöschen und etwa 10 Minuten köcheln lassen. Das Apfelmus, den Meerrettich und die Kartoffelmasse zugeben. Mit Salz und Pfeffer würzen. Mit einem Mixstab die Suppe fein pürieren. Bei Bedarf noch etwas Brühe zugeben und nochmal aufkochen.

Die Klöße aus dem Wasser heben, kurz abtropfen lassen und auf die Teller legen. Mit der Suppe aufgießen und den knusprigen Bauchspeck auf die Klöße verteilen.

Mit etwas Gartenkresse garnieren.

ZUTATEN FÜR 2 PERS.:

300 g mehlig kochende Kartoffeln
80 g Jagdwurst
1 Ei
1 Eigelb
60 g Mehl
Salz und Pfeffer aus der Mühle
1 EL Weichweizengrieß
6 Scheiben Bauchspeck
1 kleine Zwiebel
1 EL Butter
150 g Sauerkraut
300 ml Gemüsebrühe (Bio-Instant)
80 ml Schlagsahne
2 EL Apfelmus
1 EL Sahnemeerrettich
Gartenkresse zum Garnieren

Leutzscher Kutschergulasch

mit sauren Zwiebeln

Ein altes überliefertes Rezept. Entweder als Leutzscher Kutscher-Steak oder Kutscher-Gulasch. Immer wieder findet man es in handgeschriebenen Rezeptbüchern aus Uromas Zeiten. Der Stadtteil Leutzsch liegt im Westen Leipzigs und wurde erst 1922 nach Leipzig eingemeindet.

Zutaten für 2 Pers.:

400 g Schweinefleisch (Gulaschfleisch)
½ Zwiebel
80 g Bauchspeck
6 Champignons
1 EL Sonnenblumenöl
Salz und Pfeffer aus der Mühle
120 ml Schwarzbier
100 ml Gewürzgurkenbrühe aus dem Glas
120 ml Brühe (Bio-Instant)
50 g Pumpernickel
2 mittelgroße Gewürzgurken
2 EL saure Perlzwiebeln aus dem Glas
¼ Bund frischer Schnittlauch
2 EL Schmand
2 Scheiben Vollkornbrot

Zubereitung:

Für das Gulasch das Fleisch in grobe Stücke schneiden. Zwiebel schälen und klein schneiden. Den Bauchspeck in kleine Würfel schneiden.

Champignons putzen und vierteln. Das Öl in einem Bräter erhitzen, das Fleisch kräftig anbraten und mit Salz und Pfeffer würzen. Fleisch wieder herausnehmen. Speck, Zwiebel und Champignons anbraten und mit Salz und Pfeffer würzen. Mit Bier, Gewürzgurkensud und Brühe ablöschen. Pumpernickel mit den Händen zerbröseln und unterrühren.

Fleisch und Champignons wieder dazugeben. Das Gulasch etwa 40 bis 50 Minuten sanft köcheln lassen und gelegentlich umrühren. Die Gewürzgurken und Perlzwiebeln klein schneiden und 10 Minuten vor Garende zugeben. Schnittlauch waschen, trocknen und fein schneiden. Gurken und Schnittlauch kurz vor Garende unterheben und mitköcheln lassen.

Gulasch auf zwei Teller verteilen, mit Schmand verfeinern und mit Pfeffer nochmals würzen. Das Vollkornbrot dazu servieren.

Hähnchenkeulen

mit Rhabarber und Honig

Rhabarber. Kindheitserinnerungen werden wach. Sauer und irgendwie schleimig. „Die Wurzel der Barbaren" wurde in den 1930iger Jahren auch in Leipzig verarbeitet. Ich staunte nicht schlecht, als ich erstmals von diesem Rezept gehört habe. Eine ältere Leipziger Dame erzählte mir neulich auf dem Wochenmarkt, was sie alles mit dem Rhabarber zubereiten würde. Nicht nur Kuchen und Marmeladen, sondern eben auch in Kombination mit Hähnchen im Ofen geschmort. Sie kannte das Rezept von ihrem Vater und noch heute kocht sie dieses Gericht.

Zubereitung:

Backofen auf 180 °C Umluft vorheizen. Hähnchenkeulen waschen und trockentupfen. Mit Salz und Pfeffer würzen und mit dem Sonnenblumenöl marinieren. Die Hähnchenunterkeulen in einer ofenfesten Form etwa 20 Minuten im Backofen garen.

In der Zwischenzeit den Rosmarin und Thymian zupfen und klein hacken. Zitronensaft, Honig und die Kräuter verrühren.

Rhabarber waschen und schräg in grobe Stücke schneiden.

Die Hähnchenunterkeulen aus dem Ofen nehmen und auf einen Teller legen. Den geschnittenen Rhabarber in die ofenfeste Form legen, die Hähnchenunterkeulen drauflegen. Die Marinade mit einem Löffel über die Keulen geben und für weitere 20 bis 25 Minuten im Ofen fertig backen.

Die Hähnchenkeulen mit dem Rhabarber auf zwei Teller verteilen.

Zutaten für 2 Pers.:

4 Hähnchenunterkeulen
Salz und Pfeffer aus der Mühle
1 EL Sonnenblumenöl
½ EL Zitronensaft
3 EL Honig
2 Zweige Rosmarin
2 Zweige Thymian
170 g Rhabarber

Uniriese und Paulinum

Vegetarisches Leipzig

Ich habe mich ganz bewusst für dieses Kapitel entschieden – nicht, weil es seit Jahren Trend ist, vegan oder vegetarisch zu essen. Es liegt auch nicht daran, eine breite Masse an Lesern zu gewinnen. Nein, die Leipziger haben sich schon immer bewusst ernährt, auch, weil es Zeiten gab, wo kein Fleisch zu haben war. Unabhängig davon, gab es aber schon immer Menschen, die bewusst weder Fleisch noch Fisch essen wollten.

Der Theologe, Reformer und Demokrat Eduard Baltzer zum Beispiel. Er wurde 1814 in Hohenleina bei Delitzsch geboren, studierte seinerzeit in Leipzig und Halle und lebte später in Nordhausen. 1867 gründete er dann den „Verein für natürliche Lebensweise". Das war der Grundstein für die vegane und vegetarische Ernährung. Seither sind mehr als 150 Jahre vergangen und noch immer diskutieren wir darüber, ob es „gut oder schlecht" ist, sich so zu ernähren. Entscheiden darf jeder für sich selbst.

Aufgrund der klimatischen Verhältnisse, dem lösshaltigen fruchtbaren Boden hier in Leipzig gab es große landwirtschaftliche Flächen, die bestellt und beackert wurden. Die zahlreichen Wiesen, Obstbäume, Wälder und Flussufer hielten Pilze, Kräuter, Äpfel, Birnen und vieles mehr bereit. Schon 1832 wurde der erste Kleingartenverein hier in Leipzig gegründet. Mittlerweile sind es knapp über 200 Gartensparten, die sich im Allgemeinen um „eine natürliche Lebensweise" kümmern und engagieren.

In Zeiten, wo die Geldbeutel leer waren, die Infrastruktur zerstört und an eine natürliche Lebensweise nicht zu denken war, musste sich der Leipziger mit Gemüse zufriedengeben. Kohl, Kartoffeln und etwas Mehl – mehr gab es oft nicht. Die Leipziger wussten sich aber immer zu helfen.

Heute, wo alles zu haben ist, sollten wir mehr denn je darüber nachdenken, wie wir uns ernähren. Wichtig sollte hierbei sein, nachhaltiger zu leben. Und das beginnt schon damit, keine Lebensmittel wegzuwerfen. Sollte vom Sonntagsbraten noch Gemüse übrig sein, dann schmeißen wir es nicht in die Biotonne, sondern zaubern uns noch ein vegetarisches Essen.

Völkerschlachtdenkmal

Dinkelsuppe

35 % der Stadtflächen Leipzigs werden heute noch landwirtschaftlich genutzt. Für eine große Stadt wie Leipzig tatsächlich heutzutage viel. Damals gab es bedeutend mehr Fläche, die genutzt wurde. Der Getreideanbau war ein Teil davon. Fast vergessene Sorten erleben seit Jahren wieder eine neue Bedeutung. Nicht als gesundes Lebensmittel angepriesen, sondern auch als Alternative zu Fleisch in der vegetarischen und veganen Küche. Wie früher üblich, wurde immer gleich ein großer Topf gekocht und am nächsten Tag gleich nochmal gegessen.

ZUTATEN FÜR 2 PERS.:

2 EL Semmelbrösel
1 EL Butter
150 g gekochte dicke weiße Bohnen aus der Dose
150 g gekochte Wachtelbohnen aus der Dose
2 kleine Zwiebeln
1 Möhre
1 Pastinake
1 EL Olivenöl
120 g Dinkel
1 l Gemüsebrühe (Bio-Instant)
Salz und Pfeffer aus der Mühle
¼ Bund Schnittlauch

ZUBEREITUNG:

Das Semmelmehl in einer Pfanne mit Butter goldbraun rösten, herausnehmen und beiseitestellen.

Die Bohnen auf ein Sieb geben und unter kaltem Wasser gründlich abspülen.

Die Zwiebeln, Möhre und Pastinake schälen und in feine Würfel schneiden.

Das Olivenöl in eine Pfanne geben und den Dinkel und das Gemüse bei mittlerer Temperatur anschwitzen und mit der Brühe ablöschen. Etwa 45 Minuten köcheln lassen. Wenn nötig, noch etwas Wasser nachgießen. Die abgetropften Bohnen zugeben und weitere 15 Minuten mitköcheln lassen. Das Semmelmehl am Ende der Garzeit einrühren, bis die gewünschte Bindung erreicht ist. Mit Salz und Pfeffer abschmecken.

Schnittlauch fein schneiden und dazugeben.

TIPP:

Um die Kochzeit zu verringern, den Dinkel für mehrere Stunden in kaltem Wasser einweichen.

Goethes Sauerampfer-Rahmsuppe

„Dass Herr Doktor Faust und der Herr Mephisto im Weinkeller des weltberühmten Auerbachs Keller die Menschen zum Trinken und Singen aufgefordert haben wissen so ziemlich alle. Dass es mit dem Teufel zuging nun auch". Herr Goethe, der Verfasser dieser Zeilen, indes verweilte sehr häufig mit seinen Kommilitonen dort und sie speisten gern gut gewürzte Gemüse-Rahmsuppen. Die mit dem Sauerampfer war aber wohl die beliebteste und so musste der Küchenchef diese auch häufig zubereiten.

Zubereitung:

Kartoffeln waschen, schälen und grob würfeln. Die Kartoffeln in 20 Minuten in Salzwasser weichkochen. Zwiebel schälen, halbieren und klein schneiden. Butterschmalz in einen Topf geben, erhitzen und die Zwiebeln bei mittlerer Temperatur mit einer Prise Zucker glasig anschwitzen. Mit Brühe, Sahne und dem Zitronensaft ablöschen. Mit Salz und Pfeffer würzen und etwa 20 Minuten köcheln lassen.

Sauerampfer waschen, trockenschleudern und grob schneiden. Sauerampfer zu den Zwiebeln geben und mit einem Mixstab fein pürieren.

Kartoffeln abgießen, durch eine Kartoffelpresse drücken und in die Suppe zur Bindung einrühren. Mit Salz, Pfeffer und Muskat abschmecken.

Das Brötchen in Würfel schneiden. Butter in eine Pfanne geben und die Würfel knusprig braten.

Die Brötchenwürfel in zwei tiefe Teller geben und mit der Suppe aufgießen.

Zutaten für 2 Pers.:

2–3 Kartoffeln (200 g)
1 Zwiebel
1 EL Butterschmalz
Prise Zucker
300 ml Gemüsebrühe (Bio-Instant)
100 ml Sahne
Saft von ¼ Zitrone
Salz und Pfeffer aus der Mühle
1 Bund Sauerampfer
1 Msp. Muskat
1 Brötchen vom Vortag
1 EL Butter

Leineweber

Leipziger Kartoffelpfannkuchen mit Radieschen

„… die Leineweber haben sich ein Haus gebaut von Buttermilch und Sauerkraut, die Leineweber nehmen keinen Lehrjungen an, der nicht sechs Wochen hungern kann“ (aus: Alte Handwerkerschwänke, Leipzig). Dieser Schwank sagt offenbar viel aus über diesen alten Beruf. Viel Arbeit, wenig Geld, kaum zu essen. Dieses Rezept wird hauptsächlich aus den Resten zubereitet.

ZUTATEN FÜR 2 PERS.:

70 g Mehl
90 ml Milch
2 Eier
Salz und Pfeffer aus der Mühle
1 Msp. Muskat gemahlen
300 g gekochte Kartoffeln vom Vortag
1 EL Butterschmalz
8 Radieschen
½ Bund Schnittlauch
2 EL Joghurt

ZUBEREITUNG:

Mehl, Milch und Eier gut verrühren. Mit Salz, Pfeffer und Muskat würzen und den Teig 10 Minuten quellen lassen.

Backofen auf 220 °C Oberhitze vorheizen.

Kartoffeln in Scheiben schneiden. Etwas Butterschmalz in die Pfanne geben. Die Kartoffeln von beiden Seiten goldbraun braten. Den Teig über die Kartoffelscheiben gießen und die Leineweber 5 bis 7 Minuten im Ofen backen.

Radieschen putzen, waschen und mit einer Reibe grob raspeln. Schnittlauch waschen, trockenschleudern und in feine Ringe schneiden. Beides mit dem Joghurt vermengen und mit Salz und Pfeffer würzen.

Die Leineweber mit den cremigen Radieschen servieren.

TIPP:

Sie können die Zutaten variieren. Man findet auch Rezepte mit Speck oder Mettwurst.

Leipziger Apfel-Zwiebel-Gemüse

mit Kartoffel-Selleriestampf und Nussbutter

Äpfel und Zwiebeln. Das eine Obst und das andere Gemüse! Nun die Zwiebel ist genauer gesagt ein Liliengewächs. Unscheinbar, duftend und ihre Blüte auch noch schön und essbar. Der Leipziger liebt seine Zwiebel. Ob in Suppen, an den Bratkartoffeln oder zu Fleischgerichten. Sie war immer verfügbar und in der Kombination mit dem Apfel und dem Stampf aus der Leipziger Küche nicht mehr wegzudenken. Schmeckt auch mit gebratener Leber oder mit Rinderroulade.

ZUBEREITUNG:

Kartoffeln und Sellerie waschen und schälen. Beides grob schneiden und in einem Topf mit Wasser zum Kochen bringen, kräftig salzen und in etwa 20 Minuten weich köcheln.

Äpfel waschen und schälen. Vierteln, entkernen und in Spalten schneiden. Zwiebel schälen, halbieren und in Spalten schneiden.
1 EL Butter in einer Pfanne erhitzen, die Apfelspalten, Zwiebelspalten und Vanillezucker zugeben und 2 bis 3 Minuten bei mittlerer Temperatur anbraten und etwas karamellisieren lassen. Majoran zugeben, mit Salz und Pfeffer würzen und mit Apfelsaft ablöschen und zugedeckt weitere 5 bis 7 Minuten garen.

Milch erwärmen. Das Kartoffel-Selleriegemüse abgießen, ausdampfen lassen und mit einem Kartoffelstampfer stampfen. Die warme Milch und 3 EL Butter zugeben. Kräftig verrühren, mit Salz und Pfeffer würzen und mit Muskat abschmecken.

Schnittlauch waschen, trocknen und in feine Ringe schneiden.

Den Kartoffel-Selleriestampf anrichten, das Apfel-Zwiebel-Gemüse darauf geben. In der noch heißen Pfanne die restliche Butter unter ständigem Rühren braun werden lassen und über das Gemüse geben. Mit Schnittlauch bestreut servieren.

ZUTATEN FÜR 2 PERS.:

200 g Kartoffeln
200 g Sellerieknolle
Salz und Pfeffer aus der Mühle
3 mittelgroße Äpfel
1 große Gemüsezwiebel (etwa 250 g)
6 EL Butter
1 Pkg. Vanillezucker
1 TL geriebener Majoran
60 ml Apfelsaft
50 ml Milch
1 Msp. Muskat gemahlen
etwas frischer Schnittlauch

Leipziger Gänseblümchen-Schmalz

auf geröstetem Walnussbrot

„...aber das Gänseblümchen hat gesagt, du liebst mich..." Seit der Antike schon wird es zur Vergötterung der Liebe genutzt. Und das letzte Blütenblatt repräsentiert die Gedanken des Geliebten. Ob die Menschen 5500 vor Chr., die unweit des heutigen neuen Rathauses ihre Siedlungen gebaut haben, auch schon Gänseblümchen gesammelt haben, ist nicht überliefert. Geht man heute durch die Grünanlagen oder Parks dieser Stadt, kann man nicht nur Blätter zupfen, sondern die robusten Blüten auch verzehren.

Zutaten für 2 Pers.:

1 kleiner säuerlicher Apfel
1 kleine Birne
2 Frühlingszwiebeln
300 g Kokosfett
Salz und Pfeffer aus der Mühle
1 Msp. Safranfäden
Saft von ¼ Zitrone
1 Msp. Bockshornklee aus dem Reformhaus
100 ml Rapskernöl
2 Handvoll Gänseblümchen-Köpfchen + junge Blätter
sterile Einmachgläser zum Verschließen
¼ Bund frischer Schnittlauch
2 Scheiben Walnussbrot

Zubereitung:

Apfel und Birne waschen, schälen, vierteln, das Kerngehäuse entfernen und in kleine Würfel schneiden. Frühlingszwiebeln waschen, für längs halbieren und in feine Streifen schneiden.

1 EL Kokosfett in einer Pfanne vorsichtig erhitzen und Frühlingszwiebel, Apfel- und Birnenwürfel etwa 3 bis 4 Minuten bei mittlerer Temperatur farblos dünsten. Mit etwas Salz und Pfeffer würzen. Zum Schluss Safran zugeben und mit Zitronensaft ablöschen. Bockshornklee unterrühren.

Rapskernöl und restliches Kokosfett vorsichtig erhitzen, bis es flüssig wird. 6 Gänseblümchen zum Garnieren beiseitelegen und die restlichen grob schneiden.

Alle Zutaten miteinander verrühren. In vorbereitete sterile Gläser füllen. Für mindestens 4 Stunden kaltstellen.

Schnittlauch waschen, trocknen und in feine Ringe schneiden.

2 Scheiben Walnussbrot mit „Gänseblümchen-Schmalz" bestreichen.

Tipp:

Zum Sterilisieren der Gläser einen Topf mit Wasser aufstellen, zum Kochen bringen und die Gläser und Deckel für kurze Zeit mitkochen. Die Gläser und Deckel mit einer Zange herausnehmen und auf einem sauberen Tuch trocknen lassen. Die Gläser anschließend befüllen. Das Gänseblümchen-Schmalz ist etwa 4 bis 6 Wochen kühl gelagert haltbar.

Mölkauer Mostrich-Suppe

mit pochiertem Ei und Spinat

Die Senffabrik Vetter & Müller im Stadtteil Mölkau war seit 1898 ansässig gewesen und stellte Essig, Weinessig und den „Echten Mölkauer" her. In einem handgeschriebenen Kochbuch fand ich diese Senf-Suppen. Suppen vor dem Hauptgang, ein Ritual, welches in vielen Haushalten heute noch durchgeführt wird. Konnte man es sich leisten, servierte man über Jahrzehnte hinweg erst etwas „Flüssiges", um den Magen auf Kommendes vorzubereiten. Aber auch als Heilmittel, als Stärkung zwischendurch oder zum Frühstück wurde sie gereicht.

Zutaten für 2 Pers.:

150 g mehlige Kartoffeln
1 Zwiebel
2 EL Butter
Salz und Pfeffer aus der Mühle
2 EL trockener Wermut (Noilly Prat)
1 TL Zitronensaft
¼ l Gemüsebrühe (Bio-Instant)
¼ l Schlagsahne
2 EL Senf mittelscharf
150 g junger Blattspinat
1 Msp. Muskat
100 ml Essig
2 frische Eier (L)
¼ Bund Schnittlauch
2 EL Walnüsse
1 EL Olivenöl
grobes Meersalz

Zubereitung:

Kartoffeln waschen, schälen und grob würfeln. Die Kartoffeln für etwa 20 Minuten weich kochen. Das Wasser abgießen und die Kartoffeln durch eine Kartoffelpresse drücken.

In der Zwischenzeit Zwiebel schälen, halbieren und in kleine Würfel schneiden. 1 EL Butter in einen mittelgroßen Topf geben, schmelzen lassen und die Zwiebel glasig dünsten. Mit Salz und Pfeffer würzen. Mit Wermut, Zitronensaft, Gemüsebrühe und Sahne ablöschen. Senf einrühren und bei mittlerer Temperatur etwa 15 bis 20 Minuten köcheln lassen.

Die Suppe mit einem Mixstab pürieren und mit Salz und Pfeffer abschmecken. Die Kartoffelmasse in die Suppe einrühren.

Blattspinat waschen und trockenschleudern. In einer Pfanne 1 EL Butter zerlassen und den Spinat bei niedriger Temperatur schwenken. Mit Salz, Pfeffer und Muskat würzen. Spinat warmhalten.

In einem großen Topf etwas Wasser zum Kochen bringen und den Essig zugeben. Die Hitze reduzieren. Die Eier einzeln aufschlagen. Mit einem Schneebesen das Wasser so rühren, dass ein Strudel entsteht und die Eier sofort jeweils einzeln hineingleiten lassen. Das Eiweiß legt sich um das Eigelb. Die Eier etwa 3 bis 4 Minuten pochieren und anschließend mit einer Schaumkelle herausheben und abtropfen lassen.

Schnittlauch fein schneiden und die Walnüsse fein hacken. Beides mit etwas Olivenöl verrühren und grobes Meersalz zugeben.

Die Suppe in zwei tiefen Tellern anrichten. Jeweils den Spinat und ein Ei mittig in die Suppe legen. Die Schnittlauch-Walnuss-Paste auf das Ei geben.

Mairübchen in Butter geschmort

In einigen historischen Aufzeichnungen zum Leipziger Allerlei taucht das „Rübchen" immer wieder auf. Da es ein Frühjahrsgemüse ist und viele Zutaten des weltberühmten Rezeptes nun mal nur in dieser Jahreszeit vorhanden waren, auch nachvollziehbar. Dass es dennoch nicht weiter überliefert wurde, finde ich sehr bedauerlich. Es ist ein so unglaublich schmackhaftes und zartes Gemüse. In Butter geschmort mit Petersilie und etwas Salz – mein heimlicher Favorit.

Zutaten für 2 Pers.:

6 Kartoffeln
3 EL Butter
¼ Bund frische Blattpetersilie
2 mittelgroße Mairüben
70 g Butter
150 ml Gemüsebrühe (Bio-Instant)
Salz

Zubereitung:

Kartoffeln waschen, schälen und halbieren. Die Kartoffeln in etwa 15 bis 20 Minuten in kochendem Salzwasser weichkochen. Die Kartoffeln abgießen, ausdampfen lassen, Butter zugeben und die Kartoffeln grob stampfen. Petersilie waschen, trockenschleudern und fein schneiden.

Die Rüben waschen, schälen und in Spalten schneiden. In einer großen Pfanne die Butter und die Brühe erhitzen. Die Rüben zugeben, salzen und etwa 5 bis 7 Minuten sanft köcheln lassen. Die Petersilie dazugeben.

Den Kartoffelstampf auf zwei Teller verteilen und die Rüben mit der heißen Buttersauce dazugeben.

Saure Kartoffeln

Zu Beginn des 19. Jahrhunderts war die vegetarische Küche weder Trend noch war es eine bewusste Entscheidung auf Fleisch zu verzichten. Das Leipziger Brot, was bis dato sehr beliebt war, ließ in seiner Qualität nach und führte nach ärztlicher Feststellung zu einer Magen-Darm-Erkrankung. Dazu erschien ein öffentliches Schreiben, in dem es hieß: „hoffentlich tritt recht bald eine Verbesserung dieses so wichtigen Nahrungsmittels ein." Mehr oder weniger zufällig erschien zu diesem Zeitpunkt dieses Rezept, welches ich etwas zeitgemäßer zusammengefasst habe.

ZUTATEN FÜR 2 PERS.:

500 g Kartoffeln
500 ml Gemüsebrühe (Bio-Instant)
100 g kleine Gewürzgurken
frische Petersilie, Dill und Schnittlauch
1 Zwiebel
1 EL Butter
Prise Zucker
1 EL Mehl
100 ml Gurkensud
2 EL Weißweinessig
Salz und Pfeffer aus der Mühle

ZUBEREITUNG:

Die Kartoffeln schälen, in etwa 2 cm große Stücke schneiden und unter kaltem Wasser abspülen. Kartoffeln abtropfen lassen und mit der Gemüsebrühe aufkochen, Hitze reduzieren und etwa 15 bis 17 Minuten sanft köcheln lassen. Die Gewürzgurken klein schneiden.

Die Kräuter waschen und hacken.

Die Zwiebel abziehen, halbieren und in dünne Spalten schneiden.

In einer Pfanne die Butter schmelzen, die Zwiebel farblos anbraten und mit der Prise Zucker karamellisieren lassen. Die Gewürzgurken dazugeben. Das Mehl einrühren und mit dem Gurkensud ablöschen. Mit Weißweinessig und Brühe auffüllen. Die Sauce aufkochen lassen und je nach Belieben noch etwas Brühe zugeben. Die Sauce sollte eine cremige Konsistenz haben und süßlich-sauer im Geschmack sein. Nun die Kartoffelwürfel in die Sauce geben. Die Pfanne vom Herd nehmen. Die gehackten Kräuter zugeben und mit Salz und Pfeffer abschmecken.

Stötteritzer Hemdbohnen

Haben Sie davon schon mal etwas gehört? Ich nicht. Und bis zum jetzigen Zeitpunkt konnte mir keiner helfen. Möglicherweise sehen die Bohnen nach der Zubereitung aus wie ein ungebügeltes Hemd. Oder haben Sie vielleicht eine Erklärung? Selbst der Stötteritzer Bürgerverein fand dazu keine richtige Antwort. Die Hemdbohnen serviere ich Ihnen mit einem Bierteig ausgebacken und mit Joghurt-Thymian Dressing

ZUBEREITUNG:

Stangenbohnen waschen, Stiel und Stängel an beiden Seiten abschneiden und halbieren. Einen mittelgroßen Topf mit Wasser zum Kochen bringen und kräftig salzen. Die Bohnen für etwa 7 bis 8 Minuten bissfest blanchieren. Die Bohnen abgießen und in eine Schüssel mit kaltem Wasser geben und abschrecken. Die Bohnen herausnehmen, abtropfen lassen und trockentupfen. Mit einem Zwirn jeweils 6 Bohnen zu einem Bündchen zusammenbinden.

Kerbel hacken. Joghurt, Essig, Senf und Honig verrühren. Mit Salz und Pfeffer würzen und den Kerbel zugeben.

Das Ei trennen. Eiweiß steif schlagen. Das Eigelb mit dem Bier und dem Mehl verrühren und das steife Eiweiß unterheben.

Das Sonnenblumenöl in einen hohen Topf geben und vorsichtig erhitzen.

Die Bohnen salzen, durch den Teig ziehen und im heißen Öl goldbraun ausbacken. Herausnehmen, entfetten.

Die Stötteritzer Hemdbohnen mit dem Joghurt servieren.

ZUTATEN FÜR 2 PERS.:

500 g (Kleider-)Stangenbohnen
100 ml Joghurt
1 EL Weißweinessig
½ TL Senf
½ TL Honig
Salz und Pfeffer aus der Mühle
4 Zweige frischer Kerbel
1 Ei
60 ml Sternburg Pils
75 g Mehl
500 ml Sonnenblumenöl

Verlängertes Rührei

mit Pfifferlingen und Schwarzbrot

In vielen handgeschriebenen Kochbüchern und in der Literatur der Nachkriegszeiten finden sich viele solcher Rezepte. Ob mit Bärlauch, Morcheln oder auch anderen Gemüsen. In jedem Fall wurden weniger Eier verwendet und mit Milch und Mehl „verlängert".

Zutaten für 2 Pers.:

100 g frische Pfifferlinge
¼ Bund frischer Schnittlauch
¼ Porreestange
2 EL Butter
Salz und Pfeffer aus der Mühle
1 Ei
10 g Mehl
150 ml Milch
2 Scheiben Schwarzbrot
1 EL Frischkäse
Erbsensprossen

Zubereitung:

Pfifferlinge putzen und mit einem Pinsel den Schmutz entfernen, ggf. mit Wasser kurz abspülen und trocknen. Schnittlauch fein schneiden. Porree gründlich waschen und klein schneiden. In einer Pfanne die Pfifferlinge und den Porree mit 1 EL Butter etwa 2 bis 3 Minuten braten. Mit Salz und Pfeffer würzen und den Schnittlauch zugeben. Die Pfifferlinge aus der Pfanne nehmen und warmhalten.

Das Ei in einen Rührbecher aufschlagen, dann erst das Mehl und anschließend die Milch unterrühren. Mit Salz und Pfeffer würzen. In einer Pfanne bei mittlerer Hitze 1 EL Butter erhitzen und die Eiermilch zugeben. Mit einem Holzlöffel die Eiermasse zur Mitte der Pfanne zusammenschieben. Das Ei sollte locker und cremig werden.

Zum Anrichten die Schwarzbrotscheiben mit Frischkäse bestreichen und die Erbsensprossen darauflegen. Die Pfifferlinge und die Eimasse gleichmäßig verteilen. Mit Salz und Pfeffer würzen.

STOP
P

Thomaskirche

Unbekanntes Leipzig

„Unbekanntes" ist wie ein Abenteuer, das darauf wartet, entdeckt zu werden. Es ist die Möglichkeit, neue Wege zu erkunden und sich selbst zu überraschen.

Nicht ganz unbekannt sind diese Gerichte im Kapitel, denn jedes Einzelne hat eine Vergangenheit.

Diese Rezepte lagen viel zu lange in irgendwelchen Schubladen herum, waren in handgeschriebenen Kochbüchern nie zu finden oder sie erfreuten sich zu damaliger Zeit zwar großer Beliebtheit, konnten aber dem Leipziger Allerlei an Bekanntheit nie das Wasser reichen.

„Unbekannt" bedeutet aber auch neue Erfahrungen und Erkenntnisse. So steht es geschrieben. Und so ähnlich verhält es sich mit den Rezepten: Schweinefilet mit Leberwurst, Leipziger Jungfern oder Leipziger Porree.

Diese Rezepte bringen uns neue geschmackliche Erfahrungen und vor allem Erkenntnisse darüber, was damals auf den Tellern hiesiger gastronomischer Einrichtungen serviert wurde.

Also überraschen Sie sich und Ihre Gäste mit etwas „unbekanntem Leipzig". Guten Appetit!

Mephisto und Faust, Auerbachs Keller

Dicke Nudeln mit falscher Sauce

Fastfood um 1670

Garköche, Kochweiber, Stadtköche. Bis ins 13. Jahrhundert zurück findet man Einträge in stadtgeschichtlichen Aufzeichnungen, wo erstmals diese Begriffe geprägt wurden. Mit Speisen sparsam zu arbeiten, sie wirtschaftlich und kreativ zuzubereiten und zu garen, war damals ein besonderes Privileg. Liest man sich durch die Geschichtsbücher, findet man auch immer wieder Hinweise darauf, dass hier und da in „fremden Haushalten" gekocht wurde oder zu Messezeiten für Geschäftsreisende auf der Straße schnelles Essen angeboten wurde. Catering oder Fast Food gab es schon im alten Leipzig. Da Fleisch nicht immer und überall zur Verfügung stand, wurde dem „eiligen Gast" auch schnell mal eine „falsche Soße" aus Roggenschrot serviert.

Zutaten für 2 Pers.:

1 Möhre
1 Knoblauchzehe
80 g Knollensellerie
1 kleine Zwiebel
3 Scheiben Pumpernickel
2 EL Baumöl (Olivenöl)
2 EL Tomatenmark
½ EL Mehl
300 ml Brühe (Bio-Instant)
100 ml Rotwein
2 Lorbeerblätter
Salz und Pfeffer aus der Mühle
200 g Makkaroni
50 g Hartkäse
2 Basilikumblätter

Zubereitung:

Möhre, Knoblauch, Sellerie, Zwiebel schälen und in feine Würfel schneiden. Pumpernickel klein schneiden. Olivenöl in einer großen Pfanne erhitzen und das Gemüse und das Pumpernickel anbraten. Das Tomatenmark dazugeben und kurz mitrösten lassen. Das Mehl zugeben, verrühren und mit Brühe und Rotwein ablöschen. Lorbeerblätter zugeben. Mit Salz und Pfeffer würzen. Bei schwacher Temperatur etwa 25 Minuten einkochen lassen. Gelegentlich umrühren.

Die Makkaroni in einen Topf mit kochendem Salzwasser geben und in etwa 9 bis 12 Minuten bissfest kochen. Nudeln abgießen, zur Sauce geben, mit Salz und Pfeffer abschmecken und durchschwenken.

Den Hartkäse grob reiben, über den Nudeln verteilen. Mit den Basilikumblättern garnieren.

Gefüllter Krautkopf

„Luna-Park"

„In Scharen nach Wahren" fuhren am Wochenende die Städter in die „Leipziger Alpen", um das Alpenglühen zu sehen. Das war tatsächlich möglich und zwar im Luna-Park rund um den Auensee. Findige Geschäftsleute hatten einst die Idee. Eine künstliche Gebirgslandschaft rund um den See wurde erschaffen, am Abend dann beleuchtet. So wurde die „Leipziger Sehnsucht" nach den Bergen gestillt. Gegessen, getanzt, getrunken und gefeiert wurde das ganze Wochenende. Und gebadet natürlich im Auensee. Leider heute nicht mehr möglich.

Zutaten für 2 Pers.:

½ Zwiebel
1 kleine Möhre
1 Pastinake
2 kleine Kartoffeln
¼ Bund Schnittlauch
3 EL Butterschmalz
200 ml Brühe
1 EL Senf
1 EL Meerrettich
1 TL Kümmel
1 EL getrockneter Majoran
1 Ei (M)
2 EL Semmelmehl
1 kleiner Weißkohl
150 g gemischtes Bio-Hackfleisch
100 ml Sahne
1 Birne
100 ml Birnensaft
Salz und Pfeffer aus der Mühle

Zubereitung:

Den Backofen auf 160 °C vorheizen.

Zwiebel, Möhre, Pastinake und Kartoffeln schälen und in feine Würfel schneiden, den Schnittlauch waschen und fein schneiden.

1 EL Butterschmalz in eine Pfanne geben und das Gemüse bei mittlerer Temperatur anbraten. Mit etwas Brühe ablöschen und 3 bis 4 Minuten einkochen lassen. Masse etwas abkühlen lassen. Senf, Meerrettich, Kümmel, Majoran, Ei, Semmelmehl und Schnittlauch zugeben und kräftig vermengen.

Den Kohl waschen und die äußeren welken Blätter abschneiden. Mit einem spitzen Messer zuerst den Strunk keilförmig herausschneiden und dann den Kohl nach und nach aushöhlen. Das Weißkraut beiseitestellen.

Den Kohlkopf mit der Hackmasse füllen. In einem Bräter 1 EL Butterschmalz erhitzen und den Krautkopf mit dem Hackfleisch nach unten in den Bräter setzen. Mit Brühe und Sahne auffüllen. Wenn möglich mit einem Deckel oder mit Alufolie abdecken. Den Krautkopf etwa 2 Stunden im Ofen backen.

In der Zwischenzeit das ausgehöhlte Weißkraut kleinschneiden. Birne waschen, vierteln, entkernen und in kleine Würfel schneiden. In einem Topf etwas Butterschmalz erhitzen, Weißkohl und Birne bei mittlerer Temperatur 3 bis 4 Minuten braten und mit Birnensaft auffüllen und schmoren lassen.

Den Krautkopf aus dem Ofen nehmen. Die Brühe zum Weißkohl geben. Die Sauce nochmal 5 Minuten köcheln lassen und mit einem Mixstab fein pürieren.

Den Krautkopf in Tortenstücke schneiden und mit der Sauce servieren. Nach Belieben pfeffern und salzen.

Gelbe „Raths" Suppe

Die Geschichte der gelben Suppe geht bis weit vor die Reformation zurück. Einige Aufzeichnungen lassen sich nur schlecht entziffern. Bekannt und überliefert ist, dass sie zu einem Festessen, welches über Jahrhunderte zu den Verabschiedungen von Ratsmitgliedern und zur Begrüßung neugewählter Mitglieder des Rates der Stadt gehörte, serviert wurde. Überliefert ist, dass sie mit „guten Zutaten" zubereitet und mit Safran gewürzt wurde. Sie wurde auch „goldene Suppe ohne Erbsen" genannt. Damals durfte es teuer und kostbar sein für die Stadtratsmitglieder. Nur Wohlhabende konnten sich diesen Geschmack leisten. Heute jedoch erschwinglicher mit feiner Note.

ZUBEREITUNG:

Die Bohnen putzen und in kochendem Salzwasser für 3 Minuten blanchieren. Anschließend abgießen und unter kaltem Wasser abschrecken. Die Bohnen der Länge nach halbieren.

Kartoffel, Möhre und Zwiebel schälen und in kleine Würfel schneiden. Fenchel waschen, Fenchelgrün abschneiden und beiseitelegen. Fenchel halbieren, den Strunk keilförmig herausschneiden und klein schneiden. In einem Topf 1 EL Butter erhitzen, das Gemüse zugeben und bei mittlerer Temperatur anbraten. Safranfäden, Gelbwurz und Paprikapulver zugeben und mit Gemüsebrühe, Weißwein und Essig auffüllen. Mit Salz und Pfeffer würzen. Die Suppe etwa 20 Minuten bei mittlerer Temperatur köcheln lassen.

Die Suppe mit einem Mixstab fein pürieren und durch ein Sieb streichen. Das Eigelb und die Sahne in einer Schüssel verrühren. Mit einem Schneebesen das Sahne-Ei-Gemisch in die Suppe einrühren und vorsichtig aufkochen. Mit dem Mixstab nochmals pürieren und mit Salz und Pfeffer abschmecken.

Das Fleisch waschen und trockentupfen. In 2 cm große Stücke schneiden. Öl in einer Pfanne erhitzen und das Fleisch von allen Seiten 2 bis 3 Minuten gleichmäßig anbraten. 1 EL Butter und die Bohnen zugeben und bei schwacher Hitze fertig braten. Balsamico-Sirup unterrühren.

Die heiße Suppe auf zwei Teller verteilen und die Rinderfiletwürfel und Bohnen dazugeben. Mit dem Fenchelgrün servieren.

ZUTATEN FÜR 2 PERS.:

100 g grüne Bohnen
1 Kartoffel
1 Möhre
1 Zwiebel
½ Fenchelknolle
2 EL Butter
1 TL Safranfäden
1 Msp. Gelbwurz
1 Msp. Paprikapulver
500 ml Gemüsebrühe (Bio-Instant)
100 ml Weißwein
1 EL Weißweinessig
Salz und Pfeffer aus der Mühle
1 Eigelb
60 ml Schlagsahne
120 g Rinderfilet
1 EL Sonnenblumenöl
1 EL Balsamico-Sirup

„Leipziger Funzel“ Suppe

Im Archiv der Deutschen Kulinarik hielt ich ein handgeschriebenes Kochbuch in den Händen. Leipzig 1925, Autor unbekannt. Schwer zu lesen, konnte ich „Funzelsuppe“ entnehmen. Sofort habe ich an das Kabarett Leipziger Funzel denken müssen. Zwischen der Gründung des Kabaretts 1975 und des Rezepteintrages liegen über 50 Jahre. Somit ist davon auszugehen, dass Rezept und Kabarett nicht in Verbindung stehen, aber ab sofort gibt es nun diese Suppe in Leipzig. Tradition kann fortgeführt oder neu interpretiert werden.

Zutaten für 2 Pers.:

2 Zwiebeln
2 mittelgroße Möhren
½ Knollensellerie
¼ Fenchel
½ Porreestange
2 Lorbeerblätter
2 Pimentkörner
2 Nelken
400 g Kartoffeln
100 ml Weißwein
Salz und Pfeffer aus der Mühle
1 Msp. Muskat
¼ Bund Blattpetersilie
2 Scheiben Bauernbrot
60 g hausgemachte Leberwurst

Zubereitung:

Zwiebeln abziehen, Möhren schälen und Knollensellerie schälen, Fenchel und Porree gründlich waschen. Das Gemüse grob in Würfel schneiden und mit etwa 700 ml Wasser in einen Topf geben. Lorbeerblätter, Piment und Nelken zugeben und aufkochen lassen. Die Brühe etwa 20 Minuten köcheln lassen, dann durch ein Sieb geben.

Kartoffeln waschen, schälen und grob raspeln. Die Brühe und Weißwein mit den Kartoffelraspeln aufkochen lassen und gelegentlich umrühren. Die Suppe etwa 5 Minuten köcheln lassen, bis eine Bindung entsteht. Mit Salz, Pfeffer und Muskat nochmal abschmecken.

Petersilie waschen, trockenschleudern, in feine Streifen schneiden und mit zur Suppe geben.

Die Brotscheiben mit Leberwurst bestreichen und zur Suppe servieren.

Leipziger Jungfern

scharfes Sprotten-Brot

Lecker sind sie gewesen und machten Lust auf mehr! Wehe dem, der Böses dabei denkt! In der Elisenstraße Nr. 1 bekam man sie serviert und durfte sie naschen. In „Mutter Krügers Restaurant" erschien meist nach Mitternacht ein Fischmann namens „Bardhey" und brachte sie mit. Er durfte das! Die überwiegend von Studenten besuchte Wirtschaft schätze seinen Korb mit Ölsardinen, Bismarckheringen und dem würzig gebratenen Fisch auf Brot - den „Leipziger Jungfern". Wer viel trank, hatte Hunger, vernaschte die Jungfer und hatte anschließend wieder das Gefühl, trinken zu müssen. Gefährlich und gerade den Neuankömmlingen in der Stadt wurden diese „Leipziger Jungfern" zum Verhängnis! Scharfes macht Lust und durstig!

ZUTATEN FÜR 2 PERS.:

6–8 küchenfertige Sprotten
1 EL Mehl
1 Msp. Chiliflocken
Salz und Pfeffer aus der Mühle
1 rote Zwiebel
1 rote Paprika
1 EL Kapern
2 Scheiben Vollkornbrot
1 EL Sonnenblumenöl
Knoblauchsprossen

ZUBEREITUNG:

Die Sprotten waschen und trockentupfen. Die Sprotten in Mehl und Chiliflocken wenden, etwas abklopfen und in einer Pfanne von beiden Seiten knusprig braten. Mit Salz und Pfeffer würzen. Die rote Zwiebel schälen, halbieren und in Streifen schneiden. Paprika waschen, halbieren und in feine Streifen schneiden. Die Kapern abtropfen lassen und mit der Zwiebel und Paprika vermengen. Mit Salz, Pfeffer und Kapernsud abschmecken.

Die Brotscheiben rösten und mit den Knoblauchsprossen und Zwiebel-Paprika belegen. Die warmen Sprotten darauf verteilen. Mit Chiliflocken nochmal würzen.

Leipziger Porree Torte 2.0

Ein weiteres Leipziger Original. In „Carl Gartes" Gasthof in der Preußenstraße im Stadtteil Probstheida wurde wohl die leckerste Porree Torte der Stadt serviert und so verwunderte es auch nicht, dass der Gasthof nicht nur gut besucht war, sondern auch viele Besucher aus weiter Ferne lockte. Neben August dem Starken weilten auch König Ludwig von Bayern und Erzherzog Ferdinand von Österreich dort und ließen sich zur Jahrhundertfeier, als das Völkerschlachtdenkmal eröffnet wurde, besagte Leipziger Porree Torte kredenzen und schmecken. Leipziger Porree Torte 2.0 sind jetzt kleine Muffins, die sich auch bestens für ein Picknick eignen.

ZUTATEN FÜR 2 PERS.:

½ Porreestange (etwa 150 g)
1 Apfel
3 Zweige frischer Thymian
1 EL Butter
1 Spritzer Zitronensaft
Salz und Pfeffer aus der Mühle

FÜR DEN TEIG

50 g Butter
1 Ei (M)
40 ml Milch
Salz und Pfeffer aus der Mühle
2 EL Cheddar Käse gerieben
100 g Mehl
1 Msp. Backpulver
4 Muffinformen

ZUBEREITUNG:

Porree waschen und in feine Streifen schneiden. Apfel waschen, Kerngehäuse entfernen und in kleine Würfel schneiden. Thymianblätter von den Zweigen zupfen und klein hacken. Butter in einem Topf erhitzen, Porree, Äpfel und Thymian zugeben und 5 Minuten bei mittlerer Hitze braten. Mit Zitronensaft ablöschen und mit Salz und Pfeffer würzen. Die Masse etwas abkühlen lassen.

Für den Teig Butter, Ei und Milch in einer Schüssel mit dem Rührgerät verrühren und mit Salz und Pfeffer würzen. Die abgekühlte Porree-Apfelmasse und den Cheddar Käse unterrühren, Mehl und das Backpulver zugeben.

Backofen auf 180 °C Umluft vorheizen. Ein Muffinblech mit etwas Öl oder Butter einfetten. Die Masse gleichmäßig in die Mulden verteilen. Den restlichen Cheddar Käse darüberstreuen.

Die Porree Törtchen in 20 bis 25 Minuten goldbraun backen. Herausnehmen und lauwarm servieren.

Lichterbraten

kross gebackener Schweinebauch

Taucha vs. Leipzig – unzählige Geschichten, Anekdoten und wahre Begebenheiten werden hier und da überliefert. Wer gegen wen und warum? War Taucha damals größer als Leipzig? Warum bekam Leipzig das Stadtrecht zugesprochen? Unabhängig davon, gab es auch viele Feste und Jahrmärkte. Es wurde gefeiert und gegessen. Bis heute gibt es zum Beispiel das „Tauscher", eine Art Herbstjahrmarkt. Damals kamen die Menschen aus Leipzig, Borna und Umgebung. Gehandelt wurden zum Beispiel Pflaumen und Zwiebeln. Für die Leipziger Handwerksmeister immer Anlass genug, um Großreine zu machen, um wieder bei Lichte arbeiten zu können. Dies wurde kulinarisch gleichfalls umgewandelt und so gab es zu diesem Zeitpunkt auch einen Lichterbraten, dazu reichlich Wein. Meine persönliche Interpretation – krosser Schweinebauch mit Blumenkohl, Pflaumen und Zwiebeln.

ZUBEREITUNG:

Für den Schweinebauch den Backofen auf 160 °C Ober-/ Unterhitze vorheizen. Einen Gitterrost passend auf ein Backblech legen. Das Fleisch waschen, trockentupfen und auf den Gitterrost legen. Das Salz auf der Speckschwarte gleichmäßig verteilen und andrücken. Den Schweinebauch etwa 65 bis 70 Minuten im Ofen backen. Anschließend herausnehmen und das Salz entfernen. Den Backofen auf 220 °C einstellen und den Schweinebauch weitere 60 Minuten kross backen.

Blumenkohl putzen und grob schneiden. In einen kleinen Topf geben und den Blumenkohl mit einer Prise Salz etwa 15 Minuten weichkochen. Blumenkohl abgießen und in ein hohes Gefäß geben. Frischkäse und 1 EL Butter zugeben. Mit dem Stabmixer fein pürieren und mit etwas Salz und Pfeffer abschmecken.

Währenddessen die Zwiebeln schälen, halbieren und in Spalten schneiden. Die Pflaumen waschen, halbieren, entkernen und ebenfalls in Spalten schneiden. 1 EL Butter in einer Pfanne erhitzen. Zwiebeln und Pflaumen hineingeben und bei mittlerer Temperatur anbraten. Zucker zugeben, karamellisieren lassen. Mit Essig ablöschen. Bei schwacher Hitze 5 Minuten sanft köcheln lassen und dabei gelegentlich umrühren.

Den Schweinebauch aus dem Ofen nehmen. Mit dem Blumenkohlpüree, Zwiebeln und Pflaumen servieren.

ZUTATEN FÜR 2 PERS.:

500 g Schweinebauch
125 g grobes Salz
500 g Blumenkohl
Salz und Pfeffer aus der Mühle
80 g Frischkäse
2 EL Butter
2 mittelgroße Zwiebeln
6 Pflaumen
1 Prise Zucker
2 EL Apfelessig

Liebigs Blinder Hase

mit Roter Bete

Die Liebigstraße im Stadtteil Zentrum Süd-Ost ist jedem Leipziger und jedem Mediziner ein Begriff. Justus von Liebig war ein deutscher Chemiker und Universitätsprofessor. Im Laufe seiner Forschung um 1850 entwickelte er den bei Hausfrauen beliebten Fleischextrakt, der seit 1880 auf dem Markt ist und den es heute noch zu kaufen gibt. Eine Anleitung für gut bürgerliches Kochen erschien um 1900 herum. Ein Rezept war unter anderem der Blinde Hase.

Zutaten für 2 Pers.:

1 kleine Zwiebel
1 Knoblauchzehe
2 Champignons
¼ Bund Petersilie
100 g gehacktes Rind
100 g gehacktes Schwein
100 g gehacktes Lamm
120 g Bauchspeck
1 Ei
1 EL Senf
2 EL Semmelmehl
Salz und Pfeffer aus der Mühle
1 TL Butterschmalz
5 g Fleischextrakt
3 Rote Beten (gegart, vakuumiert)
1 EL Butter
150 ml Schlagsahne
1 Scheibe Pumpernickel

Zubereitung:

Zwiebel und Knoblauch schälen und in feine Würfel schneiden. Champignons fein hacken. Petersilie waschen, trockenschleudern und fein schneiden. Alle Zutaten mit dem Fleisch in eine Schüssel geben. Ei, Senf, Semmelmehl dazugeben. Mit Salz und Pfeffer würzen und kräftig durchkneten. Den Bauchspeck überlappend der Länge nach auf ein Brett legen. Das Hackfleisch zu einer Rolle formen, auf den Speck legen, einrollen und fest andrücken.

Backofen auf 200 °C Ober-/ Unterhitze vorheizen.

Das Butterschmalz erhitzen und die Hackfleischrolle von allen Seiten rundherum anbraten. Fleischextrakt mit Wasser verrühren und den Braten ablöschen. Den blinden Hasen für etwa 40 Minuten im Backofen fertig garen.

Rote Beten in grobe Stücke schneiden und mit 1 EL Butter in einer Pfanne für 3 bis 4 Minuten braten. Mit Salz und Pfeffer würzen.

Den Braten aus dem Ofen nehmen. Den Fond mit Sahne in einen Topf gießen. Pumpernickel fein hacken und 4 bis 5 Minuten mitköcheln lassen. Mit einem Stabmixer die Sauce fein pürieren. Den blinden Hasen in Scheiben schneiden und mit den Roten Beten und der Sauce servieren.

Lindenthaler Kalbshaxe-Scheiben

mit Apfel-Biersauce und Kohl

Lindenthal – im Nordwesten Leipzigs gelegen mit knapp 6660 Einwohnern wurde es 1350 erstmals erwähnt. Während der Völkerschlacht 1813 diente es als Übernachtungsplatz für die Truppen des preußischen Generalfeldmarschalls Blücher und Feldmarschalls Gneisenau. Möglicherweise haben die Feldköche es für die Soldaten dort gekocht. Heute sind die Truppen nicht mehr vor Ort und kämpfen. Geblieben sind die Kalbshaxen-Scheiben. Diese werden mit einem Spitzkohl-Apfelsalat serviert.

ZUBEREITUNG:

Backofen auf 180 °C vorheizen. Kalbshaxen abwaschen und trockentupfen.

Möhren schälen. Sellerie waschen. Zwiebeln schälen. Das Gemüse in Würfel schneiden. Kalbshaxen mit Salz und Pfeffer würzen und in Mehl wenden. In einem Bräter etwas Öl erhitzen. Kalbshaxen von beiden Seiten kräftig anbraten, herausnehmen und beiseitestellen. Das Gemüse in demselben Bräter anbraten. Das Tomatenmark einrühren und kurz mitrösten lassen. Mit Bier und Apfelsaft ablöschen. Das Fleisch dazugeben. Etwa 5 Minuten mitköcheln lassen. Anschließend für etwa 90 Minuten im Backofen schmoren lassen. Gelegentlich das Fleisch wenden.

Spitzkohl halbieren und den Strunk keilförmig herausschneiden. Spitzkohl in feine Streifen, den Schnittlauch in feine Ringe schneiden. Die Butter in einer Pfanne erhitzen, den Spitzkohl kräftig anbraten und mit Salz und Pfeffer würzen. Gelegentlich umrühren. Den Schnittlauch unterheben.

Den Bräter aus dem Ofen nehmen. Die Kalbshaxen-Scheiben mit dem gebratenen Spitzkohl servieren. Hierzu können Kartoffeln serviert werden.

ZUTATEN FÜR 2 PERS.:

2 Scheiben Kalbshaxe
etwa 250–300 g

2 mittelgroße Möhren

¼ Knollensellerie

1 mittelgroße Zwiebel

Salz und Pfeffer aus der Mühle

1 EL Mehl

2 EL Olivenöl

1 TL Tomatenmark

400 ml Bier

100 ml Apfelsaft

½ kleiner Spitzkohl

frischer Schnittlauch

1 EL Butter

Löwenzahnsalat

mit Kartoffel-Waffel und „Löwen" Senf Dressing

Dass am 18. Oktober 1913 das Völkerschlachtdenkmal eingeweiht wurde, wissen die meisten. Ein viel bedeutsameres Ereignis fand allerdings in der Nacht vom 19.10. zum 20.10 – einen Tag später statt. Der Zirkus war in der Stadt. Während des Transportes büxten 8 Löwen aus und liefen quer durch die Straßen. Um den genauen Verlauf und die Geschehnisse der Nacht zirkulieren unzählige Versionen. Der Auerbachs Keller gestaltete in Anbetracht der Ereignisse eine phantasievolle Speisekarte mit ***Löwenlendchen wie es der Teufel liebt,*** *bis hin zu* ***Löwenzunge gebacken mit Bambusstangen*** *oder eben der* ***Löwenschwanzsuppe mit Krokodilstränen.*** *Um diese doch amüsante Geschichte fortzuführen, serviere ich Ihnen heute Löwenzahn auf einem Gitter.*

ZUTATEN FÜR 2 PERS.:

150 g gekochte Kartoffeln vom Vortage
125 g Magerquark
100 g Mehl
1 Ei
1 Msp. Backpulver
Salz und Pfeffer aus der Mühle
Prise Muskat
200 g Löwenzahnblätter, Frisée, Spinatblätter
20 g weiche Butter
3 EL Schmand
2 EL Kapern + Kapernsud
1 TL „Löwen" Senf (Senf mittelscharf)
1 TL Honig
1 TL Weißweinessig
½ Bund frischer Schnittlauch

ZUBEREITUNG:

Die gekochten Kartoffeln mit Quark, Mehl, Ei und Backpulver verrühren. Mit Salz, Pfeffer und Muskat würzen. In einem Waffeleisen die Masse ausbacken.

Löwenzahnblätter, Frisée und jungen Blattspinat waschen und trockenschleudern.

Schmand, Kapern, Senf, Honig und Weißweinessig verrühren und mit Salz und Pfeffer würzen. Den gewaschenen Schnittlauch fein schneiden und unterrühren.

Zum Anrichten das „Löwen" Senf Dressing mit dem Salat vermengen.

Die warmen Waffeln halbieren und mit dem marinierten Löwenzahnsalat auf zwei Teller verteilen.

Ottilies Biersuppe

mit Pumpernickel, Speck und Birne

Den Gasthof „Drei Linden" im Stadtteil Lindenau kennt kaum noch jemand, auch nicht deren Wirtin Ottilie. Besser bekannt ist dieser Ort jetzt durch die Muko – Musikalische Komödie. Einst war es eine Kneipe, in die der gemütliche Leipziger gern einkehrte, Bier trank und Skat spielte. Im Winter wurde erst im benachbarten Palmengarten Schlittschuh gelaufen und anschließend Ottilies warme Biersuppe geschlürft.

Zutaten für 2 Pers.:

200 g Pumpernickel
1 Zimtstange
½ Birne
100 g gewürfelter Bauchspeck
1 EL Butter
½ TL Honig
¼ Bund frischer Schnittlauch
150 ml schwarzes Bier
150 ml Weißwein
Salz und Pfeffer aus der Mühle
2 Eigelbe
1 Scheibe Pumpernickel
1 EL Balsamico-Sirup

Zubereitung:

Das Pumpernickel klein schneiden und mit etwa 800 ml Wasser und der Zimtstange in einen Topf geben und aufkochen. Bei geringer Hitze etwa 25 Minuten köcheln lassen.

In der Zwischenzeit die Birne waschen, halbieren, entkernen und in Würfel schneiden. Den Bauchspeck in eine Pfanne geben und mit ½ EL Butter knusprig anbraten. Die Birne und den Honig zugeben und karamellisieren lassen. Schnittlauch in feine Röhrchen geben und zugeben.

Die Scheibe Pumpernickel mit ½ EL Butter von beiden Seiten knusprig anbraten.

Die Suppe nun durch ein Sieb gießen und mit einem Teigschaber die Masse durchpressen. Mit Bier und Wein auffüllen und nochmals 5 Minuten köcheln lassen. Mit Salz und Pfeffer ablöschen. Die Eigelbe in eine kleine Schüssel geben, mit 1 EL Wasser verrühren. Die Eigelbe unter ständigem Rühren in die heiße Suppe geben und verrühren. Mit dem Pürierstab mixen. Mit Salz und Pfeffer abschmecken.

Die Speck-Birnen-Mischung auf das knusprige Pumpernickel geben, mit Balsamico-Sirup verfeinern und mit der Suppe servieren.

Schweinefilet

mit Leberwurstsauce

Die Gose - ein „Bier", nein, ein Göttergetränk. Es löschte den Durst und schmeckte nach „mehr". So nannten es die Studenten und der junge Goethe einst. Um rund 1800 wurde es in Leipzig Eutritzsch serviert. Es entwickelte sich zum Leipziger Lieblingsgetränk (nach dem Kaffee). Viele Gasthäuser schenkten es aus. Eines davon - die Gosenschenke „Ohne Bedenken" - ist seit 1899 in Leipzig Gohlis ansässig. Interessante Gerichte waren das, die damals dort serviert wurden, unter anderem „Deftige Fleischgerichte mit heißer Leberwurst zu übergießen".

ZUTATEN FÜR 2 PERS.:

20 g Mehl
20 g weiche Butter
2 Zweige frischer Thymian
6 Scheiben Bauchspeck
2 TL getrockneter Majoran
200 g Schweinefilet am Stück
1 EL Butterschmalz
150 ml Sahne
80 g Hausmacher Leberwurst
1 EL Balsamico-Sirup
Salz und Pfeffer aus der Mühle
¼ Spitzkohl
½ Porreestange
100 g frische Champignons
1 EL Butter
2 EL Perlzwiebeln aus dem Glas

ZUBEREITUNG:

Mehl und weiche Butter verkneten und beiseitestellen.

Thymianblätter zupfen und fein hacken. Die Bauchspeckscheiben überlappend nebeneinander auslegen. 1 TL Majoran, Thymian darüber geben und das Schweinefilet darauflegen. Schweinefilet in den Bauchspeck straff einrollen. Butterschmalz in einer Pfanne erhitzen und das Schweinefilet von allen Seiten bei mittlerer Temperatur anbraten. Anschließend im vorgeheizten Backofen bei 180 °C Ober-/ Unterhitze etwa 17 bis 19 Minuten fertig garen.

Die Sahne in einem kleinen Topf vorsichtig erhitzen. Die Leberwurst dazugeben und mit einem Mixstab fein pürieren. Mit 1 TL Majoran, Balsamico-Sirup und einer Prise Salz abschmecken.

Spitzkohl und Porree waschen und in feine Streifen schneiden. Champignons putzen und vierteln. In einer Pfanne die Butter erhitzen und das Gemüse für 3 bis 4 Minuten braten. Die Perlzwiebeln zugeben. Mit Salz und Pfeffer würzen.

Das Schweinefilet aus dem Ofen nehmen. Den entstandenen Fleischsaft zur Sauce geben und verrühren. Das Filet halbieren und mit dem Spitzkohl-Porree-Gemüse und der Sauce servieren.

Süß-saure Essig-Eier

mit Kartoffelpüree

In Leipzig Stahmeln, da gab es sie, die Essigfabrik. Erste Eintragungen gab es bereits 1878. Im späteren Verlauf gab es einige Inhaberwechsel und 1904 leider einen Großbrand. Um 1925 entstand dann die Essigfabrik in der heutigen Halleschen Straße 11 und 11a. Eine Senfproduktion wurde ebenfalls aufgebaut. Und somit verwundert es nicht, dass sich dieses Gericht hier in Leipzig großer Beliebtheit erfreute. Schon meine Oma hat sie gemacht und es war immer lecker, aber mein Schwiegerpapa kann sie in Perfektion: die süß-sauren Eier auf Kartoffelmus.

ZUBEREITUNG:

Für das Kartoffelpüree die Kartoffeln schälen und in einem großen Topf in Salzwasser weichkochen. Das Wasser abgießen. Die weichen Kartoffeln durch eine Kartoffelpresse drücken. Die Milch aufkochen, die Kartoffeln und die Butter dazugeben, verrühren und mit Salz und Muskat abschmecken.

Butter in einer beschichteten Pfanne erhitzen, den Speck in Würfel schneiden und darin auslassen, mit Mehl anschwitzen (Mehlschwitze). Mit Milch und Gemüsebrühe ablöschen. Bei mittlerer Hitze und unter ständigem Rühren aufkochen lassen. An die sämige Sauce Zucker und Essig geben und mit Salz und Pfeffer abschmecken – je nachdem wie sauer oder süß man es mag.

Die Eier einzeln aufschlagen und nacheinander in die heiße Sauce geben. Bei geringer Hitze und geschlossenem Deckel nach Belieben die Eier garen. Je nach Härtegrad 5 bis 8 Minuten. Das Eigelb darf ruhig noch ein wenig flüssig sein. Das Essen servieren.

ZUTATEN FÜR 2 PERS.:

4–6 Kartoffeln
80 ml Milch
40 g Butter
½ TL Salz
etwas Muskat
15 g Butter
125 g gewürfelter Schinkenspeck
15 g Mehl
250 ml Milch
125 ml Gemüsebrühe (Bio-Instant)
1 EL Zucker
2–3 EL Weißweinessig
Salz, Pfeffer aus der Mühle
4 Eier

Zungenragout

im Vol-au-vent mit weißem Spargel

„Was stehn Sie so erstaunt vor diesem Hause da? Das ist ja ein Palast, ein prächtig Lustschloß!" Gemeint ist das Hotel Fürstenhof, welches 1771 eröffnet wurde, finanziert durch einen gewissen Bankier Löhr. Bis heute steht es da in voller Pracht. Nach vielen Namensänderungen, nach Aus-, Neu- und Umbauten immer noch ein Schloss. Feste wurden gefeiert, es wurde gekocht und geschlemmt. Feinste Speisen und Delikatessen. Aus einer der vielen Speisekarten entnehme ich dieses wunderbare Gericht „Zungenragout im Vol-au-vent". Also in Blätterteig-Pasteten serviert.

Zutaten für 2 Pers.:

1 Schweinezunge (ca. 200 g)
2 Wacholderbeeren
2 Lorbeerblätter
1 TL schwarze Pfefferkörner
1 Prise Salz
3 mittelgroße Kartoffeln
3 Champignons
5 Radieschen
4 Stangen weißer Spargel
80 g Porree
50 g Perlzwiebeln aus dem Glas
80 ml Perlzwiebelsud
30 g Butter
30 g Mehl
200 ml Brühe (Bio-Instant)
Salz und Pfeffer aus der Mühle
100 g grobe Mettwurst
1 EL Butter
½ Bund Schnittlauch
2 Blätterteig-Pasteten

Zubereitung:

Die Zunge mit kaltem Wasser abwaschen und in einen Topf mit etwa 1 Liter Wasser geben. Wacholder, Lorbeer, Pfefferkörner und eine Prise Salz zugeben und bei schwacher Hitze etwa 2 Stunden köcheln lassen, bis die Zunge weich ist.

Kartoffeln schälen, grob würfeln und in Salzwasser 12 bis 15 Minuten weichkochen. Abgießen und beiseitestellen.

Champignons putzen und vierteln. Radieschen waschen, putzen und in Scheiben schneiden. Spargel schälen, die hölzernen Enden 3 cm abschneiden. Den Spargel schräg in dünne Scheiben schneiden. Porree gründlich waschen und klein schneiden. Perlzwiebeln auf ein Sieb geben, Sud auffangen und abtropfen lassen. Perlzwiebeln halbieren.

Die Zunge mit einer Schaumkelle herausnehmen und in ein kaltes Küchentuch wickeln und 20 Minuten ruhen lassen. Die Brühe durch ein Sieb passieren.

Die Butter in einem kleinen Topf schmelzen und das Mehl hinzugeben. Mit einem Schneebesen verrühren und eine Mehlschwitze herstellen. Mit der Brühe und Perlzwiebelsud aufgießen und unter ständigem Rühren bei mittlerer Temperatur aufkochen lassen, bis eine gebundene Sauce entsteht. Die Sauce bei schwacher Hitze köcheln lassen. Mit Salz und Pfeffer abschmecken.

Die Haut der Zunge abziehen, die Drüse im Zungengrund abschneiden. Das Zungenfleisch in Würfel schneiden.

Die Mettwurst zu kleinen Klöpsen formen. Die Butter in einer Pfanne erhitzen und die Mettwurst, Champignons, Spargel, Porree anbraten und mit Salz und Pfeffer würzen. Perlzwiebeln, Zungenfleisch, Kartoffeln und Radieschen mit dazugeben und schwenken. Die gebundene Sauce über das Ragout geben und verrühren.

Schnittlauch waschen, trocknen und fein schneiden.

Die Blätterteig-Pasteten bei 80 °C im Backofen erwärmen.

Zum Anrichten das Ragout in die Pasteten füllen. Mit Schnittlauch und gemahlenem Pfeffer aus der Mühle servieren.

Johannapark

Süßkram und Desserts

Die Leipziger lieben Süßes in unzähligen Formen und Varianten. Dazu die geliebte Tasse Kaffee. „Und es macht dich augenblicklich zufrieden, ruhig und glücklich." Diese wunderbare Textzeile aus dem Lied „Sing mein Sachse sing", welches der Leipziger Jürgen Hart einst gesungen hat, beschreibt den allgemeinen Gemütszustand der Einheimischen recht gut. Und wenn es dann eben noch diese kleinen Leckereien gab, war und ist die Welt in Ordnung.

Neben der Leipziger Lerche und dem Leipziger Räbchen haben es nur wenige Desserts, über die Stadtgrenzen hinaus, zu Weltruhm geschafft. Die Geschichte der Leipziger Lerche ist eher eine traurige. Singvögel, die es einst gab, sind ausgestorben bzw. wurden in den Wäldern nahe der Stadtgrenze so lange von Reisenden verspeist, bis es keine mehr gab. In Erinnerung daran hat ein erfinderischer Bäcker eine Süßspeise hervorgebracht.

Beim Recherchieren und Lesen in alten Rezeptsammlungen bin ich immer wieder auf interessante Leckereien gestoßen, welche in diesem Buch einen Platz gefunden haben. Natürlich fließen meine persönlichen Erinnerungen aus fast 50 Jahren des Leipziger Daseins auch mit ein. Wie gerne erinnere ich mich daran, wie Opa Helmut zur Weihnachtszeit Stollen zubereitet hat. Meine Mama Karin musste dann immer mit dem vorbereiteten Teig zum kleinen Bäcker in der Gohliser Krokerstraße gehen und ihn dann dort backen lassen. Frisch gebacken stand er dann in der Küche. Mehr geht nicht.

Leipziger Café am Markt

Aepffel-Klösser

mit brauner Butter

Leipziger Renette, Edelborsdorfer, Edler Winterborsdorfer, Rubinapfel, Reinette d`Allemagne sind alles bekannte Vertreter der Familie des Borsdorfer Apfels – eine der ältesten Kulturapfelsorten Deutschlands. Ein tolles Rezept aus Susanna Egers Kochbuch, dazu etwas braune Butter mit Zimt und Rosinen.

Zutaten für 2 Pers.:

2–3 kleine Äpfel, etwa 250 g
50 ml Milch
1 EL Rosinen
3 EL Butter
150 g Mehl
1 Msp. Backpulver
1 Ei (L)
2 Prisen Salz
1 EL gemahlener Zimt
70 g Zucker
2 EL gehackte Haselnusskerne

Zubereitung:

Einen Topf mit Wasser und einer Prise Salz erhitzen.

Äpfel waschen, schälen, entkernen und in kleine Würfel schneiden. Die Milch mit den Rosinen erwärmen und 1 EL Butter darin schmelzen lassen.

Mehl, Backpulver, das Ei und eine Prise Salz in eine Rührschüssel geben und vermengen. Die Apfelwürfel und die Milch zugeben und die Masse zu kleinen Klößchen verarbeiten.

Die Klöße ins siedende Wasser geben und in etwa 15 Minuten garziehen.

In einer Pfanne 2 EL Butter erhitzen und unter Rühren vorsichtig braun werden lassen. Den Zimt, Zucker und die Haselnusskerne zugeben.

Wenn die Klöße an der Wasseroberfläche schwimmen mit einer Schaumkelle herausnehmen, abtropfen lassen und die braune Butter dazugeben und durchschwenken.

Die Klöße mit der braunen Butter auf zwei Teller verteilen.

Dräggische Quarkkeulchen

mit Heidelbeerragout

Wer hat sie nun erfunden? Nun, jeder hier in Mitteldeutschland würde sie gern sein Eigen nennen und der ursprüngliche Erfinder sein. Im Prinzip auch nicht so wichtig, sie sind einfach nur lecker. Ich kenne sie aus meinen Kindheitstagen. Kindheit = Leipzig = Heimat

ZUTATEN FÜR 2 PERS.:

250 g mehlig kochende Kartoffeln
200 g Heidelbeeren
2 EL Zucker
½ EL Butter
Saft von ½ Orange
Saft von ½ Zitrone
1 Vanilleschote
125 g Magerquark
1 EL Mehl
1 Eigelb
1 EL Zucker
1 EL Kakaopulver
1 Msp. Backpulver
2 EL Butterschmalz
Puderzucker zum Bestäuben

ZUBEREITUNG:

Kartoffeln waschen, schälen und grob schneiden. In kochendem Salzwasser weichkochen. Abgießen, ausdampfen und etwas abkühlen lassen.

Die Heidelbeeren waschen und abtropfen lassen. Den Zucker mit der Butter in einen kleinen Topf geben und bei mittlerer Hitze vorsichtig karamellisieren lassen. Mit Orangensaft und Zitronensaft ablöschen. Die Vanilleschote halbieren und die Hälfte vom ausgekratzten Vanillemark dazugeben. Die Heidelbeeren dazugeben, durchschwenken, beiseitestellen und ziehen lassen.

Die etwas abgekühlten Kartoffeln mit dem Quark, Mehl, dem restlichen Vanillemark, Eigelb, Zucker, Kakaopulver und Backpulver verrühren.

In einer Pfanne das Butterschmalz bei mittlerer Temperatur erhitzen. Die Quarkmasse mit einem Esslöffel in kleine Keulchen abstechen und im Butterschmalz rundherum goldbraun für etwa 3 bis 4 Minuten ausbacken. Die Quarkkeulchen herausnehmen und auf Küchenpapier abtropfen lassen.

Das Heidelbeerragout auf zwei Teller verteilen und die Quarkkeulchen darauf anrichten. Mit Puderzucker bestäuben und mit Minze garnieren.

Grünauer Schokoladenpudding

Sommerferien bei Oma Hilde in Leipzig Grünau WK8. Der letzte Bauabschnitt des Neubaugebietes. Unweit des Kulkwitzer Sees. Trotz „Platte" habe ich hier immer schöne Ferien mit meinem Bruder und meiner Cousine und Cousins erlebt. Nach dem Baden gab es entweder Schinkennudeln mit Butter, saure Milch mit Zucker oder eben warmen Schokoladenpudding. Ein tolles Rezept voller Nostalgie.

Zutaten für 2 Pers.:

300 ml Milch
1 TL Kakaopulver
60 g Zucker
30 g Dinkelmehl
3 Eigelbe
90 g Zartbitterschokolade
½ EL Butter
1 Prise Salz
1 Handvoll frische Beeren

Zubereitung:

Die Milch in einen Topf geben und vorsichtig erwärmen. Kakaopulver, Zucker, Mehl und Eigelb nach und nach zugeben und dabei mit einem Schneebesen oder Pürierstab unter ständigem Rühren zum Kochen bringen.

Sobald der Pudding anfängt zu kochen, die Hitze reduzieren und für etwa eine Minute köcheln lassen.

Die Zartbitterschokolade, Butter und die Prise Salz zugeben. Sobald die Schokolade geschmolzen ist, die Masse durch ein Sieb streichen.

Den noch warmen Schokoladenpudding mit frischen Beeren servieren.

Tipp:

Machen Sie gleich ein bisschen mehr. Der Schokoladenpudding schmeckt am nächsten Morgen auch noch kalt auf dem frischen Brötchen oder im Sommer mit Melone.

Kleckselkuchen

aus der Kochlehranstalt

Ordnung und Sparsamkeit standen auf dem Lehrplan von Therese Nieses Kochlehranstalt in der Leipziger Jacobstraße. Den jungen Damen aus höheren Ständen wurde nicht nur das Handwerk Kochen beigebracht, sondern eben auch das gute Wirtschaften. Und schon damals wurde penibel darauf geachtet, dass nichts weggeworfen wird. Frau Therese Niese kann durchaus als Pionierin der sächsischen Resteküche bezeichnet werden.

Zutaten für eine 28 cm runde Springform:

450 g frischer Hefeteig aus der Frischetheke

Für die Mohnmasse

80 ml Milch
30 g Butter
100 g gemahlener Mohn
3 EL Semmelbrösel
1 Msp. Zimt gemahlen
60 g Zucker

Für die Quarkmasse

3 EL Rosinen
2 Eigelbe
250 g Magerquark
1 EL Milch
20 g weiche Butter
1 TL Stärke
1 EL Zitronensaft
50 g Zucker

Zubereitung:

Für die Mohnmasse Milch und Butter in einen Topf geben und vorsichtig erhitzen. Mohn zugeben, unter Rühren zum Kochen bringen und 3 Minuten sanft köcheln lassen. Semmelbrösel, Zimt und Zucker zugeben. Die Masse abkühlen lassen.

Für die Quarkmasse die Rosinen in eine Schüssel geben, für 5 Minuten in warmem Wasser quellen lassen, über ein Sieb abgießen und abtropfen lassen. Die Eigelbe, Quark, Milch, Butter, Stärke, Zitronensaft und Zucker in eine Schüssel geben und mit einem Rührgerät schaumig schlagen. Zum Schluss die Rosinen zugeben. Die Quarkmasse beiseitestellen.

Für die Streusel das Mehl, Zucker und Butter in eine Schüssel geben und mit den Händen vermengen und zu mittelgroßen Streuseln kneten. Schüssel abdecken und kaltstellen.

Backofen auf 200 °C Ober-/ Unterhitze vorheizen.

Hefeteig auf einer bemehlten Arbeitsfläche etwas größer als das Backblech ausrollen. Den ausgerollten Hefeteig überlappend auf ein mit Butter gefettetes Backblech legen und die Ränder am Rand andrücken.

Äpfel waschen, schälen, vierteln und das Kerngehäuse entfernen. Die Äpfel in dünne Scheiben schneiden.

Die Quark- und Mohnmasse klecksweise mit einem Löffel auf dem Teig verteilen. Die Apfelspalten zwischen Quark und Mohn anordnen. Die Streusel über dem Kuchen verteilen.

Den Kuchen etwa 30 bis 35 Minuten backen.

Etwas abkühlen lassen und mit Puderzucker bestreuen.

Streusel

80 g Mehl
70 g Zucker
70 g weiche Butter

2 mittelgroße Äpfel
Puderzucker zum Bestreuen

Mandelbrezel anno 1799

Aus dem Stadtbild des 18. und 19. Jahrhunderts nicht wegzudenken: die Brezelfrauen. Von Aschermittwoch bis Ostern wurde diese Fastenbrezel von Frauen angeboten. Angelockt durch die Rufe „Warme weeche Brezel, warme weche!" gingen sie weg wie „warme (Semmeln) Brezeln". Meist nur aus Mehl, Mandeln und etwas Wasser. So ist die Brezel tatsächlich ein Leipziger Original. Gegen Ende des 19 .Jahrhunderts verschwanden sie dann aus dem Stadtbild. Zeit genug, um diese Tradition wieder aufleben zu lassen.

Original Rezept von 1799

Man reibt z.B. ein Pfund süße Mandeln auf der Reibe, nimmt ein Pfund feines Mehl, ein Pfund Butter, achtzehn Loth Zucker und vier Eier. Dieses alles wird unter einander geknetet und zu Teig, von welchen man beliebige Figuren macht und in einer Tortenpfanne auf Papier langsam gebacken. (1 Loth = 16,66 g)

ZUBEREITUNG:

Mandeln, 1 Eigelb, Mehl, weiche Butter und Zucker in eine Schüssel geben und zu einem glatten Teig verkneten und 15 Minuten abgedeckt ruhen lassen.

Backofen auf 190 °C vorheizen.

Den Teig in gleichmäßig große Stücke teilen. Auf die Arbeitsfläche etwas Mehl geben und den Teig zu langen Rollen formen. Diese dann anschließend zu Brezeln formen. Die Teigenden zusammendrücken. Das Eigelb mit einem Esslöffel Wasser verrühren und die Brezel mit einem Pinsel bestreichen.

Etwa 15 Minuten backen. Etwas abkühlen lassen und die „warme weeche Brezel" mit Erdbeermarmelade servieren.

ZUTATEN FÜR 2 PERS.:

125 g gemahlene Mandeln
2 Eigelb
125 g Dinkelmehl
125 g Butter
75 g Zucker
4 EL Erdbeermarmelade

Milchsuppe mit Haferflocken

Ein Armeleuteessen. Bereits Anfang des 18. Jahrhunderts gab es schon Haferflocken. Oft wurde die Milch mit Wasser verdünnt. Heute kennen wir das Gericht als Porridge mit viel Obst. Angelehnt an ein altes Rezept gebe ich karamellisierte Aprikosen dazu. Sehr lecker und schnell zubereitet.

Zutaten für 2 Pers.:

400 ml Milch
1 Prise Salz
80 g Haferflocken
4 Aprikosen
1 EL Butter
1 TL Puderzucker
1 TL Honig
30 g Zartbitterschokolade

Zubereitung:

Milch mit einer Prise Salz vorsichtig aufkochen und die Haferflocken zugeben. Für etwa 5 Minuten zugedeckt quellen lassen.

Die Aprikosen waschen, halbieren, entkernen und in Spalten schneiden. Die Butter in einer Pfanne erhitzen. Aprikosen, Puderzucker und Honig zugeben und für 2 bis 3 Minuten bei mittlerer Temperatur karamellisieren lassen.

Die Suppe mit den Aprikosen auf zwei Teller verteilen und die Zartbitterschokolade darüber raspeln.

Pflaumenmusbrühe

mit Milchklößchen

Waren die Pflaumen reif, neigte sich der Sommer so langsam dem Ende entgegen. Bei uns in der Gottschallstraße in Leipzig Gohlis gab es einen Pflaumenbaum im Innenhof und dann wurde geerntet. Gerne erinnere ich mich zurück. Pflaumenkuchen wurde gebacken, Pflaumen eingekocht und Pflaumenmus zubereitet. Waren alle Einmachgläser aufgebraucht, wurde das Pflaumenmus gleich serviert oder sogar etwas verdünnt und mit Milchklößchen serviert.

ZUTATEN FÜR 2 PERS.:

2 Eier
45 g weiche Butter
1 Prise Salz
90 g Semmelmehl
1 TL Stärke
200 ml Milch
200 g Pflaumenmus
1 Zimtstange
1 EL Balsamico-Essig
1 EL Butter
2 EL gehackte Haselnüsse
100 ml Vanillejoghurt

ZUBEREITUNG:

Die Eier in einer Schüssel aufschlagen, mit der Butter, einer Prise Salz, Semmelmehl und Stärke verrühren.

Milch und 200 ml Wasser in einen Topf geben und erhitzen. Mit zwei Löffeln aus dem Teig kleine Nocken abstechen und in die siedende Milch Wasser geben. Sobald die Klößchen aufsteigen und an der Oberfläche schwimmen, den Topf vom Herd nehmen und noch etwa 10 Minuten ziehen lassen.

Das Pflaumenmus mit 180 ml Wasser, Zimt und Balsamico-Essig verrühren und erhitzen.

1 EL Butter in einer Pfanne zerlassen, die Haselnüsse zugeben und bei mittlerer Temperatur rösten. Die Klößchen aus dem Wasser herausheben, abtropfen lassen und in die Nussbutter geben.

Zum Anrichten die Pflaumenmussbrühe in zwei tiefe Teller geben und die Klößchen verteilen und die restliche Nussbutter darüber geben. Den Vanillejoghurt verteilen.

TIPP:

Damals wie heute wurden Lebensmittel weiterverwendet. Die Milch wird zu einer Milchsuppe weiterverarbeitet. Siehe Rezept auf Seite 150.

Semmelgerassel

Was könnte das sein? Viele kennen es sicherlich auch unter den Namen Semmelgeräusch, Knisterpfanne, Kirschpfanne mit Semmeln oder auch Kirsch-Michl. Unzählige Varianten findet man in alten historischen Aufzeichnungen. Wichtig nur, Sie müssen, nachdem Sie die fertige Auflaufform aus dem Backofen genommen haben, zuhören. Denn es „rasselt" die Semmel!

ZUTATEN FÜR 2 PERS.:

170 ml Milch
2 Brötchen
von den Vortagen (100 g)
1 Ei
1 Prise Salz
25 g weiche Butter
25 g Zucker
1 Pkg. Vanillezucker
1 TL Backpulver
200 g Süßkirschen entsteint
etwas Butter zum Einfetten
1 EL Semmelbrösel
Puderzucker zum Bestäuben

TIPP:

Hierzu können Sie Vanillesauce oder Eis servieren.

ZUBEREITUNG:

Die Milch in einem Topf erwärmen. Die Brötchen in 1 cm große Würfel schneiden, in eine Schüssel geben und die warme Milch darüber gießen.

Backofen auf 180 °C Ober-/ Unterhitze vorheizen.

Das Ei trennen und das Eiweiß mit einer Prise Salz steifschlagen. Mit einem Rührgerät das Eigelb mit der Butter, Zucker, Vanillezucker und Backpulver cremig aufschlagen.

Die eingeweichte Brotmasse und die Kirschen zur Eimasse geben, verrühren und den Eischnee vorsichtig unterheben.

Eine Auflaufform mit Butter einfetten und das Semmelmehl ausstreuen. Die Masse hineingeben. Den süßen Auflauf etwa 12 Minuten bei 180 °C auf der mittleren Schiene backen und anschließend für weitere 10 bis 12 Minuten auf der untersten Schiene backen. Das Semmelgerassel aus dem Ofen nehmen und *zuhören*.

Mit Puderzucker bestäuben.

Warme Apfelsuppe

mit Eierschaum

Der Sommer ging, der Herbst kam und die heimischen Keller waren voll mit Apfelsäften, eingekochtem Apfelmus und eingelagerten Äpfeln. Diese konnte man dann noch gut weiterverarbeiten. An den ersten kalten Tagen im Oktober und November wurde dann diese leckere Suppe gekocht. Warm, mit Rosinen und gerösteten Mandeln serviert. Vorsicht lecker!

ZUTATEN FÜR 2 PERS.:

2 EL gehobelte Mandeln
20 g Kartoffelstärke
0,5 l Apfelsaft naturtrüb
50 g Rosinen
1 Zimtstange
60 g Zucker
2–3 mittelgroße Äpfel
3 Eigelbe
½ EL Zucker
1 Pkg. Vanillezucker
80 ml Apfelsaft

ZUBEREITUNG:

Die Mandeln in einer Pfanne ohne Öl goldbraun rösten und beiseitestellen.

In einem kleinen Topf die Speisestärke und Apfelsaft verrühren. Rosinen, Zimt und Zucker zugeben. Bei mittlerer Temperatur die Suppe vorsichtig erhitzen, zum Kochen bringen und gelegentlich umrühren.

Äpfel waschen, vierteln, Kerngehäuse herausschneiden und in Scheiben schneiden. Die Apfelscheiben kurz mitkochen lassen.

Für den Eierschaum die Eigelbe, Zucker, Vanillezucker und Apfelsaft in eine Edelstahl-Schüssel geben und mit einem Schneebesen aufschlagen. Die Masse über einem heißen Wasserbad für 3 bis 4 Minuten kräftig aufschlagen, bis eine cremige Masse entsteht. Der Eierschaum sollte an Volumen zunehmen und nicht zu heiß werden.

Die Apfelsuppe in tiefen Tellern anrichten und den Eierschaum darauf verteilen. Die Mandeln darüberstreuen.

Rezeptverzeichnis

Literaturverzeichnis

Der Sächsische Küchenkalender, Oda Tietz, Südwest Verlag München

Die kleine sächsische Köchin, Ralf Lehmann, Verlag für die Frau

Duden - Deutsches Universalwörterbuch, Dudenverlag

Komm wir gehen in die Stadt, Hermann Pilz/ Frank-Uwe Pilz, Passage-Verlag

Leipzig Quiz 100 Fragen, Anika Kreller, Grupello Verlag

Leipziger Allerlei, Therese Niese, Verlag für die Frau

Leipziger Gastronomie 1945-1960, HO Gaststätten Verlag

Leipziger Kochbuch von 1745, Susanna Eger, Bd. 4 der Reihe Klassische Kochkunst, Dr. Richter Verlag

Reisen durch die Küchen von Sachsen, Dagmar Schäfer, BuchVerlag für die Frau

Sächsische Küche , Angelika Weiß, Carl Hanser Verlag

Vom Apfelkartoffeln bis Zwiebelkuchen, Kurt Drummer/ Käthe Muskewitz, Fachbuchverlag Leipzig

Von der Brezelfrau bis zum Sträusschenmann, Marianne H.-Stars, Verlag:
Leipzig: DEWAG / Institut für Buchgestaltung

Wohl bekomm's und Guten Appetit, Herbert Pilz, Leipzig Media GmbH

Zu Gast im alten Leipzig, Ulla Heise, Hugendubel

Internetquellen

https://www.stadtverband-leipzig.de/kgv-johannistal-1832-e-v/